Who We Are: **Kingdom People**

「天國國民教育」書系

Who We Are: **Kingdom People**

「天國國民教育」書系

褪色的天國子民

Who We Are: Kingdom People

陳競存／譚以諾／陳佐才／曾育彪／周佩波／趙晗／謝小華／張婉雯／張偉昌
陳錦輝／何志朋／古永信／上官賢恩／梁柏堅／馮志康／胡燕青／馮煒文
鄭政恆／胡清心／彭正雄／梓翔／拉容／明晧／顏宇翎／許承恩／趙崇明
程翔／葉寶琳／黃之鋒／溫帶維／龐一鳴／白雙全／梁永泰　合著

褪色的天國子民（「天國國民教育」書系）
作者／陳競存、譚以諾、陳佐才、曾育彪、周佩波、趙晗、謝小華、張婉雯、張偉昌、
陳錦輝、何志朋、古永信、上官賢恩、梁柏堅、馮志康、胡燕青、馮煒文、鄭政恒、
胡清心、彭正雄、梓翔、拉容、明晧、顏宇翎、許承恩、趙崇明、程翔、葉寶琳、
黃之鋒、溫帶維、龐一鳴、白雙全、梁永泰
總 編 輯／黃幗坤
責任編輯／伍詠慈
資料搜集／陳楚思 史曉晴
美術編輯／廖迎祺
美術設計／奇文雲海・設計顧問
出版發行／突破出版社
香港沙田亞公角山路33號突破青年村
電話：2632 0000 傳真：2632 0388
電郵：breakthrough@breakthrough.org.hk
網址：http://www.breakthrough.org.hk
http://www.btproduct.com
承印／海洋印務
2013年7月初版1刷

Who We Are: Kingdom People
by King Chan, Enoch Yee-Lok Tam, Alan Chor-Choi Chan, Bill Tsang, Wayne Chau, Zihona Zhao, Florie Tse Siu Wah, Yuen-Man Cheung, Wai-Cheong Chang, Fai-Kam Chan, Chi-Pang Ho, Koo Wing Shun, Grace Koo, Pakkin Leung, Fung Chi-hong, Wu Yin Ching, Raymond Fung, Ching-Hang Cheng, Jane Hu, Peter Pang Ching Hung, Zi Xiang, Yung-Hang Lai, Holly Ming, Eling Ngan, Jacob Shing-Yan Hui, Andy Shung-Ming Chiu, Ching Cheong, Po-Lam Yip, Joshua Wong, Dai-Wei Wen, Yat-Ming Pong, Sheung-Chuen Pak, Wing-Tai Leung
First Printing, First Edition, July 2013

Printed in Hong Kong
ISBN 978-988-8073-92-4

歡迎加入突破書籍Facebook—http://www.facebook.com/btbooks

本書採用環保油墨印刷。

在「**想**」和「**faith**」相會之處，開拓前行的方向……

目 錄

神的國：是聖潔的國度，是屬神的子民……

愛的連結：要叫你們宣揚那召你們出黑暗入奇妙……

修復世界：光明者的美德

「天國國民教育」書系緣起

舊約《聖經》談及一個國民的興起，這個國民獨特的身分是以一神為主。新約《聖經》以為，這位一神履行信諾走進子民的歷史中，並說「天國近了」，叫世人跟隨他。這一班人就是現在一般人所稱的基督徒。

當我們談國族、城市、社會身分的時候，又如何理解《聖經》賦予基督徒的身分——天國子民？

教育，是種族自存和文化延續的渠道，基督徒羣體要活出天國子民的內涵，又要透過怎樣的教育？

這是「天國國民教育」書系的緣起：透過文字、反思，一羣信徒在同一平台對此身分探省勉勵。

第一本《褪色的天國子民》引用《聖經．彼得前書》二章九節：「惟有你們是被揀選的族類，是有君尊的祭司，是聖潔的國度，是屬神的子民，要叫你們宣揚那召你們出黑暗入奇妙光明者的美德。」為大前提，鋪陳以下四個範疇——一、聖約；二、神的國；三、愛的連結；四、修復世界，邀請各個界別人士，就天國國民教育進行思考、討論，透過作者個人經歷與思考，與讀者分享有關主題的反思。由於篇幅與編修時間的限制，本書收納的文章未必展示所有討論，我們旨在牽頭，邀請讀者一同思考、延伸、踐行天國子民的身分，透過閱讀經歷一場心靈教育。

突破出版部

從《聖經・彼得前書》看天國子民的身分

陳競存

「惟有你們是被揀選的族類，是有君尊的祭司，是聖潔的國度，是屬神的子民，要叫你們宣揚那召你們出黑暗入奇妙光明者的美德。」（彼前二9）

2012年9月，一場國民教育風波鬧得全城沸騰，一時間竟然在添馬艦聚集了數以十萬人羣，令新政府總部外的廣場變成「公民廣場」。有關當局強調國民教育是天經地義，每名國民都應該接受。但另一邊廂卻被公眾指為洗腦教育，堅決反對。事情最後以政府暫時擱置國民教育科平息。

是次風波讓長期以來對國民身分不甚了了的香港人，重新思考何謂國民教育、國民的權責何在等等，在其他國家看似很基本的問題。當中的論述主要建基於現代國家的組成基礎與公民權責的普遍觀點，又或者個別具官方背景的單位，會傾向較無條件擁護現有政權的論述。然而對於基督教羣體，卻鮮有嘗試從《聖經》的信仰角度，建構明確的國民身分觀。

本文嘗試作為一個思考的起點，從新約教會的背景出發，就〈彼得前書〉這一段經文，提出一個基督徒作為天國子民，有別於非信徒的國民身分觀點。

〈彼得前書〉大概寫於主後六十年，受信的對象為小亞細亞一帶的教會，基督信仰已經傳到該處，當時基督徒正面對社會上普遍的歧視和逼迫。由於羅馬政權要求人民敬拜國王凱撒大帝，這等要求在當時的希羅多神文化中，並沒有什麼特別，甚至是理所當然的， 就像今天的人要求愛國一樣，合理和自然。可是對信徒而言，卻是一個不能接受的要求，因為這觸犯了不能拜偶像的誡命，結果，他們成為明確拒絕敬拜凱撒的一羣異類，是帝國裏一羣對國家不忠誠的人，因而遭到當權者，甚至其他羅馬公民的排擠。作者寫這書信的目的，正是要在帝國逼迫，信徒孤立無援的處境下，給予他們鼓勵，告訴他們所堅持的，縱使不受歡迎，甚至遭敵視，卻是正確的。

作者在第一章首先指出，信徒因着基督，已經得着那到末世要顯現的救恩，因此，我們即使在試煉中，也應當有喜樂，因為我們有將來的盼望。由於耶穌基督用寶血買贖了我們，我們就不要再效法從前放縱的樣子，要成為聖潔。到了第二章，作者引用〈詩篇〉一一八篇，談到主是活石，是匠人所棄，如今成了房角的頭塊石頭。接着在第五節他就指出，我們也要像主一樣，作為活石，作為聖潔的祭司。之後就對比了信和不信者的眼光，信的人看這房角石、活石是寶貴的，但在不信的人眼中卻看為絆腳石。

有了這樣的鋪排，作者再向信徒宣告，惟有我們「是被揀選的族類，是有君尊的祭司，是聖潔的國度，是屬神的子民，要叫你們宣揚那召你們出黑暗入奇妙光明者的美德。」原來跟隨基督的信徒，並不屬於這個羅馬政權，我們是被揀選的一羣，組成另一個國度，是屬於神的子民。聖潔，含有分別出來的意思，跟其他人不一樣。按上文所指，這種「不一樣」就像主耶穌一樣，是匠人所棄的石頭（用現代的話說，即連專家亦說你無藥可救），沒有用，要被放棄。可是現在卻因為基督的救恩和揀選，成為了尊貴的祭司。而信徒的使命，則是要宣揚基督的美德，祂是那召我們出黑暗入光明的。黑暗與光明的論述是新約《聖經》有關基督的主軸，黑暗代表沒有真理的世界及其擁抱的價值，是沒有盼望可言，因為不知道是非黑白，所以是在黑暗裏；而耶穌基督是成為肉身的真理，接受耶穌，生命就被光照，如此我們知道什麼是真理，什麼才是好的、美善的。

關於效忠的對象

這段經文，作者要處理的，是一個關於應否效忠政權的問題。第一世紀的信徒羣體，面臨這樣一個處境：面對逼迫，你要不要效忠羅馬政權？這問題對於作者而言，答案是很清楚的，雖然作基督徒會被逼迫，可是我們是屬神的子民，既是屬神，就不再從屬於世俗的政權。所以作為天國的子民，信徒是不會效忠任何政權，否則就會出現雙重效忠的問題。在今天的國家與國民觀念當中，這問題依然存在，國民必然被要求向本國效忠，對於出賣國家利益者，會被控以叛國罪。

設若遇上戰爭，為了保障國家地土的主權，國民會被要求參戰，以武力襲擊，甚至殺死敵軍，而這些都是按上帝形象被造、有靈的活人，甚至不排除當中有同為基督徒者。要求兩個同樣被耶穌基督拯救的信徒，為了爭奪土地而互相殺戮，這豈不是荒謬透頂的處境？

天國子民的身分

作者在這裏用上「聖潔」與「屬神的子民」兩個概念，是要強調作為信徒，就是被分別出來，有別於不信的人，屬於另一個國度的事實。因此信徒效忠的對象，亦從原生的國家，像移民一樣轉到天國去。但弔詭的地方是，我們這羣屬神的天國子民，卻仍然僑居於原有的國家內，因此就出現了侯活士（Stanley Hauerwas）所說的異地僑居者（Resident Alien）的狀況。侯活士認為，基督徒其中一個最大的問題，就是誤以為原生國家就是天國的具體展現版本，幻想在原有的國家內的非信徒，會分享着跟信徒同樣的價值和效忠對象[1]，這完全是本末倒置的想法。作為信徒，當擁有了天國子民的身分，而仍留在原生的國家，就要有心理準備，在必要時作出選擇，為效忠天國而拒絕服從國家。引用洛桑運動2010年的《開普敦承諾》——

「如果國家強迫我們，在對國家忠誠，或是我們對上帝的更高層次的忠誠之間作出選擇，我們必須對國家說『不』，因為我們已經對耶穌說了『是的，主！』」[2]

這裏很清楚指出，國家與上帝之間，存有效忠的潛在張力，雖然大多數時候我們並不會遇上問題，信徒仍然像其他人一樣生活，然而在效忠的問題上，卻有着決定性的分別。

天國子民的基本責任

如果說國民的基本責任就是愛國，並效忠國家，那麼作為天國子民的基本責任，就應該是經文所說的「宣揚那召你們出黑暗入奇妙光明者的美德」。關於黑暗與光明，前文已經解釋過，在這裏，美德，按原文意思，譯作「大作為」更為恰當，所指的是耶穌拯救的工作。具體的做法，就是要透過效法耶穌的愛，盡心、盡性、盡意愛神，又要愛鄰舍如同自己，也就是要愛人如己。藉以讓人認識耶穌拯救世人的福音。

因此對基督徒，應該不存在愛國不愛國的問題，因為那並不是信徒要效忠的對象。基督徒的問題是愛不愛上帝，能否在一個自私、貪婪、敵我分明、爾虞我詐的世界，因為愛基督，愛人如己，並藉着具體的行為，甚至整個生命，去宣揚神奇妙的大作為。為了傳承這樣的使命和價值，基督徒要建立教會，形成羣體，藉以建立一套語言和文化，並共同踐行這套屬於天國的價值。

當現代社會的國民教育嘗試強調一個國民應有的各樣素質，包括自由、民主、人權、平等、法治等觀念，並透過社教化系統，向所有人灌輸的時候，似乎假設了這些觀念都不需要有一個絕對的道德基礎，只要教育所有國民這些素質的重要性，大家會自然地認同和接受，並有效地展現這些素質對社會帶來的正面作用。但這種教育忽略了一點：在一個沒有共同道德基礎的社會當中，人的罪性足以令這一切觀念，在實踐的時候遭到壓制或扭曲。天國子民正是認識到，耶穌基督的福音，不單止讓人罪得赦免，更是人類社會對付罪所帶來種種扭曲的出路。這福音同時帶來一套截然不同的價值觀和信念，是天國的價值觀，代表着上帝創造世界的心意和看法。在《聖經．馬太福音》五至七章耶穌關於天國的講論，一般稱為「山上寶訓」，正是天國價值觀的核心。惟有透過這套天國的價值觀，人才能夠認識到，每一個人都擁有上帝的形象、尊貴的生命，都必須被尊重。有了這基礎，人的自我、價值、自由和平等，才會得到真正的肯定和尊重；惟有透過天國的視野，對人性的貪婪、自私和軟弱等幽暗面有深刻的認識，民主、法治和對人權的堅持，才會顯得重要。

因此教會羣體（天國子民）的使命，除了要將耶穌基督的福音廣傳，同時也要承傳並踐行天國的價值觀。又或者更確切地說，教會是要藉着見證並踐行天國的價值觀，向世界傳揚耶穌基督的福音；而透過認識並實踐這價值觀，讓世人知道什麼是黑暗，什麼是光明，藉耶穌的愛，勝過世上種種罪惡為人帶來的桎梏。

天國的國民教育

大多數關於國民教育的論述，都離不開自由、平等、民主、法治、人權、寬容、公共、國家意識等等的概念，強調提升國民水平，培育國民具備上述各種人格素養，一般認為這些乃國民教育的主要理念範疇。

我無意否定這些素質的價值和重要性，然而天國的國民教育，乃是要讓人認識到，人類社會的福祉和盼望，不能建基於提升上述的各種所謂國民素質，惟有透過耶穌基督的愛，才能達成。教會作為天國子民的羣體，就是要證明人可以藉着救恩，突破人類罪性的桎梏，讓基督的愛勝過仇恨、自私、彼此攻擊。這就是神的國降臨在地上，如同行在天上的意思。

也許對很多信徒而言，從沒有想過國民身分與天國子民身分之間，存在着張力，甚至會互相抵觸；更沒有想過信仰不單止是個人靈魂得救的福音，也是對天國價值觀的認同和實踐。也許是由於傳統教會對經文的解讀，都會不自覺地「屬靈化」，結果忽略了信仰應有的政治意義及其對社會的影響，更讓信徒在面對國民教育，諸如愛國或者各種公民素質要求的時候，不知如何判斷這些信念與基督教信仰之間的關係。當教會羣體一起實踐這「另類」的價值觀，將會在社會當中形成一股力量，讓人看到天國價值對世界帶來的影響。綜觀整本《聖經》的脈絡鋪陳，就是要讓我們相信，天國子民的身分及其所擁抱的價值，以耶穌基督的愛為核心，回應因為罪帶來的扭曲和問題，這正是福音之所在，亦是人最為根本，甚至是終極的追求。在尋求確立各種國民素質教育的重要性時，作為信徒羣體，我們相信天國的價值觀對人類整體的福祉，有着更為關鍵的意義。

註釋

1. 侯活士，《異類僑居者》，香港：基道出版社，2012。
2. 《開普敦承諾》第二部分之三之6.〈愛是盡力維護所有人的宗教自由〉B小節。

陳競存

少年時代流連街頭，學人跟大佬做「嚫」，過着邊緣生活，後來由於怕死和覺得無聊，迷途知返，先後於台灣和澳洲進修，回港後於突破機構落腳，搞研究和發展工作。曾進出於中國神學研究院，近日又出入香港浸信會神學院，確保能繼續當「神學生」。深信個人與文化均需要被救贖，故努力推動啟導文化更新，激發青年人反省及探索生命的工作。

聖約：
惟有你們是被揀選的族類，
是有君尊的祭司……

Timeline

巴別塔

「他們說：『來吧！我們要建造一座城和一座塔，塔頂通天，為要傳揚我們的名，免得我們分散在全地上。』」（創十一4）老彼得．布勒哲爾（Pieter Bruegel the Elder）在畫作《巴別塔》（c.1563）描繪的這座巨塔，高聳入雲，讓周遭景物顯得渺小，反映人們的驕傲自大。可是，布勒哲爾營造獨特的視覺效果，讓巴別塔看起來歪斜不穩，中間部分已在倒塌，甚至壓垮下面的城市。這呼應着《聖經》裏的記載，上帝變亂了人們的口音，阻止他們的工程。

以斯帖

在波斯帝國，大臣哈曼因為憎恨猶大人末底改，唆擺亞哈隨魯王將猶大人滅族。以斯帖皇后身為猶太人的一分子，為了自己的同胞，不惜冒死主動見王，用機智指出哈曼的奸狡，最終挽救整個民族。畫作中，亞哈隨魯王、以斯帖和哈曼在以斯帖預備的筵席，以斯帖與王顯然比較光明，哈曼周遭的黑暗也暗示他內心邪惡。

約公元30年

公元前486至465年

加利利湖風浪中的基督

畫作《加利利湖風浪中的基督》（The Storm on the Sea of Galilee，1633），自1990年在波士頓的伊莎貝拉嘉納藝術博物館被盜以後，一直下落不明。荷蘭畫家林布蘭（Rembrandt）描繪，耶穌與門徒橫渡加利利湖時遇風浪的經歷，他沒有選擇耶穌行神蹟的一幕，反取了門徒拚命與風浪搏鬥的場景。後來，風浪愈大，船入滿水，門徒愈發害怕，叫醒耶穌。耶穌起來，斥責風浪，風浪就止住，然後他對門徒說：「你們的信心在哪裏呢？」（路八25）

我神是我大能堡壘，
堅固保障永不頹；
致命兇惡雖在包圍，
祂作幫助我何畏。
我們老舊仇敵
仍在尋隙攻擊，
詭計、能力都大，
又加狠心、毒辣，
地上無人能抵他。

我神是我大能堡壘：馬丁路德

1529年，宗教改革修士馬丁路德（Martin Luther，1483-1546）根據詩篇四十六篇寫了劃時代的讚美詩《我神是我大能保壘》。這首詩歌被喻為改革運動的戰歌。德國音樂家和詩人海涅稱頌它「是一首如軍刀刃一般鋒利的戰歌。」

馬丁路德一生為神奮勇作戰，向任何將天國私有化的惡勢力集團宣戰。他整個人奮不顧身的投擲進去，聖樂是他使用的其中一副利器。他知道聖樂的威力，並且適時地運用。正如一位耶穌會會士作見證説：「馬丁路德的讚美詩比他的講章殺死更多的惡靈。」

他並不是逞一時之快——儘管每首創作的出現，或是經歷無可宣泄的義怒，或是靈魂深處又一次陷溺沮喪——而是貫徹個人一個更深層次、一生為之衝刺的教義：信徒皆祭司的願景。把許多沒有人明白的拉丁文詩詞翻譯成德文（《我神是我大能保壘》甚至大膽地用了民間流行的旋律），使所有信眾可以同聲唱詠崇拜，這只是馬丁路德實踐「信徒皆祭司」的第一步。而他真正要搖動甚至摔倒的卻是宣講壇。例行公事、軟弱無力的宣講使他深惡痛絕。他自己對宣講熱情澎湃，以致他認為「牧師的工作是講解真道，人生創傷的醫治和永恆福祉的膏油只在道中才能找到。」馬丁路德所建構的神學論——惟獨恩典，也就是新教立足的基石，並非透過聖禮崇拜、聖品人宣讀聖言而獲得的亮光。相反，馬丁路德從來沒有在教堂內讀到一小段《聖經》，更遑論是整卷書卷甚至整本《聖經》。因此，當他偶然地在大學圖書館發現一本拉丁文《聖經》時，他是何等驚訝激動。再沒有任何理由可以阻擋這位修士殉道式的熱情，要打開《聖經》，要解明《聖經》，要人人明白《聖經》，直接從聖言中領受上主的救恩。

我們有理由相信，1519年，當馬丁路德説《聖經》是信仰惟一的權威（sola scriptura），而引來教皇下詔，宣布他是異端這一事件，完全是聖靈自己做主導。接着下來，馬丁路德的朋友為了保護他，偽造綁架，讓他改名換姓，匿藏在瓦特堡一整年。這看似是革命最風平浪靜的一年，但更波瀾壯闊的文化變革靜悄悄地迅速掩至。馬丁路德埋首將希臘文《聖經》翻譯為第一本德文《聖經》，當《聖經》譯畢，「信徒皆祭司」的旗幟高升，願景在望，勢不可擋。

大家都能讀《聖經》，發覺裏頭沒有贖罪券，沒有教皇，更沒有煉獄……天國大門徐徐開啟，凡「飢渴慕義」者皆可入內！

且讓馬丁路德在他十四歲女兒離世時所説的話作為他的業績表，和與他同奔天路信眾的鼓勵：

「你，最親愛的小抹（大拉），你必定復活，而且會發光，像星星和太陽一樣。多麼奇異，知道她平安，而且一切都很好，然而又這樣悲傷！」

創世之約

譚以諾

作為基督信徒，面對國民身分問題，難免往往以天國作為對照點。若然我們不健忘，大概還會記得上世紀80年代，當香港要面對回歸中國，引發一連串關於天國國民身分、香港人身分與中國人身分的辯論：有愛國者堅守中國人的身分，也有論者點出共產主義與信仰不可共容；有愛香港者堅守香港，也有肩負異象的人飛到北美去曲線愛國。

自有回歸問題始，香港人身分認同一直是各方關心的問題，到底是中國香港人？還是香港中國人？到底是亞洲的一分子，還是只專屬香港呢？面對「港共政府」推行國民教育，香港人身分問題又再一次被迫上枱面，迫使基督信徒不得不回應。我們不禁要問，就基督信徒而言，我們到底要向哪一方效忠呢？

我們的經典——《聖經》——帶給我們的想像，是遠遠超過現代民族國家的觀念。在較細小的層次上，我們可以說舊約裏的「約」，是上帝與獨特民族——以色列民立的約。然而，在這個「約」以外，還有更廣闊的一層，這得從〈創世記〉說起。

話說很久很久以前，上帝六天創世，第七天休息；在第六日，祂創造了人，並對他說：你要管理地上的一切；要繁衍，遍滿地面。這是第一個創世故事。然後，又有故事說，有人孤獨的活在伊甸園裏，上帝看見那人獨居不好，就造了一個幫手，協助他管理樂園。但因人僭越上帝的禁令，吃了分辨善惡樹的果子，被上帝逐出樂園，並在荒原中勞苦度日。這是第二個創世的故事。從此二者，就為我們的世界定了調：世界已經墮落，人在其中要勞苦管理。

然後我們往後翻，翻了好幾章《聖經》，才發現第一個約的身影：那是上帝與挪亞和所有活物所立的約。「上帝說：『我與你們、並你們這裏的各樣活物所立的永約、是有記號的……。我便記念我與你們、和各樣有血肉的活物所立的約、水就再不氾濫毀壞一切有血肉的物了……。』」（〈創世記〉九12-15）就在我們以為最古老的約是上帝與以色列民立的時候，挪亞的故事讓我們知道，上帝不只與以色列民立約，也並非只與人類立約，而是與天上地下所有活物立約，與祂的創造立約。這個在西乃之約以前的約，往往給基督信徒所忽略，以為上帝只關心人的救贖。但是，上帝其實是關心整個創造。人被分派去管理上帝的創造，但因人犯罪，罪進入世界，把整個創造都污染了，上帝就安排基督來救贖，所要救贖的，並非單單是人，而是祂整個創造。

因此，當信徒讀到：「耶和華說：『日子將到，我要與以色列家和猶大家，另立新約。』」（〈希伯來書〉八8）就以為新約是把西乃之約延伸至外邦人，並以為「上帝愛世人」就是愛世上的人，卻讀不出約翰其實是說：上帝愛世界；也因此，〈約翰福音〉才會從「太初有道」開始，上接〈創世記〉，下延至「新天新地」。他的神學溢出以色列家立新、舊約以外；他提出的救贖，是從創世人類墮落開始，到新天新地終結，創造要被救贖，就像挪亞那時一樣。

這就是近年出現的生態神學之根本。

因此，《聖經》給予信徒的想像，並不囿於國族，或現代意義下的民族國家，那不過是上帝約中之約，心意中的心意。若我們擁抱基督宗教，就要有超越國族的決心：我們的視界，不只是一國一族的，而是超國族，超人類，甚至是超物種，到達世界的。

回到國民教育與國民身分的問題，我們既然暫居世上，就自然受世上體制的約制。不過，受約制是一回事，效忠於誰又是另一回事。這也就是耶穌說的，上帝的歸上帝，凱撒的歸凱撒。那末，我們該如何在地上活出超物種而到達世界的生活呢？短短一文肯定難以盡說，生態神學或是其中一途。

譚以諾

現為香港浸會大學傳理學院博士生。著有長篇小說《黑目的快樂年代》，其他小說見於《小說風》和《城市誌》，文學評論見於《文匯報．讀書人》、《字花》和《文學評論》，電影評論見於《時代論壇》和「香港電影評論學會」網頁。

天國國民
——入籍後的禱告

陳佐才

上主啊，感謝祢在1953年藉着聖洗禮接納了我。這洗禮就像是國民入籍禮一樣，給了我一個新的身分——天國國民。

對許多曾經歷洗禮的人，洗禮只是生活上偶然的插曲，但對我，卻不一樣。

我曾是無國籍歸屬的人。因着中國內戰，我寄居香港這英屬殖民地。我沒有國家護照，出入其他國家是件麻煩、甚至是不可能的事。僻處台灣的中國政府給我護照，讓我能進入美國留學，但這護照卻不給我自動進入台灣的權利。在大陸，當中國未開放時，我不能自動進出。開放後，也試過三次不明所以的被拒入境。我乘船經過埃及塞得港時，計劃和其他船上乘客上岸旅遊，但因我只持身分證明書而非國民護照，被拒登岸。

而我在某次乘機經過埃及開羅時，卻被批准入境兩天。諸如此類的國民身分困擾，時有發生。上主啊，感謝祢，祢給我的天國國民身分，在意識上，的確舒緩了我無地上國籍之苦。

上主啊，其實天國國民身分不單帶給我精神上的舒解，它也帶給我現實生活上的愉快經歷。我第一次離港外遊時，在遙遠而又陌生的花都巴黎遇上工潮，飛機停飛，行程中斷。在巴黎機場內孤獨無援，徬徨失措。一位曾在中國傳道的外籍傳教士，主動帶着我這異族信徒到巴黎火車站，替我買車票，穩妥地送我上往倫敦的火車。也有一次在陌生的盧森堡，受到一位我不認識的比利時人熱情而毫無條件的接待。惟一的關連是彼此同是基督徒，意識上同是天國的國民。更使我難忘的一次，是在當年還未合併的東德城市德雷斯敦，我遇到一位曾在中國成長和受教育的德國傳教士後裔和她的家人，異地共聚暢談，竟有濃烈的家庭親切感。

我雖無地上國籍，但因着天國國民的身分，我並非舉目無親，漂泊無依。上主啊，我為此深深感謝祢。

香港回歸後，我是第一批申請中華人民共和國特區護照的人。護照到手，我正式有了地上的國籍。心境踏實，我有頗為實在的、終於安頓下來的感覺。我有了國籍、身分、比前更大的自信，和因國家逐漸強大的自豪。但在心底深處，我沒有忘記天國的國籍曾帶給我那超越國界的愉悅。這份嚮往，無時或已，尤其是近年來看到許多有理想但不被國家接納的一羣，他們被迫身處海外，而護照因不獲延期而失效，更有身處香港特區的人也被沒收了回鄉證，他們漂泊無家的感覺，一定比我沒有國籍的那時更難受。上主啊，真希望他們也獲得天國國民的身分和體驗，支取力量，繼續生命的征途。

站在天國國民的視點上，上主啊，我懇切祈求給我世上國籍的中國，有祢對萬民的關愛，也有更廣的普世視野：資源共享，經濟成果公平分配；權力共享，決策權力全民參與；責任共擔，環境淨化，人人盡力。

上主啊，更求祢在無盡的鬥爭、掙扎和適應的人生過程中，因祢的無條件接納，我敢時刻面對自己，檢視自己，使我在處人和處事上，真我不被埋沒，在祢的光照和激勵下，活出真我的光采，作個無愧的天國國民，繼續每日禱告：我們在天上的父，願人都尊祢的名為聖，願祢的國降臨，願祢的旨意成就在地，如同成就在天……■

陳佐才

聖公會法政牧師。

我是誰？天國國民身分反思

曾育彪

我曾疑惑究竟自己是誰。我懷疑自己非父母親生，因為無論長相、思維方式或者行為模式，我和他們都很不同。直到弟弟長大後，人們開始在電話裏把他誤認為我，因為我們聲線一樣；而我一向十分確定弟弟是父母親生的，於是我開始轉變看法，終於認定自己是家中一員。

非洲人？

我很年幼時就不得不意識個人的身分和國民身分的問題。我十一歲的時候，舉家遷往非洲，那時我有了自己的護照。在非洲落腳後，當地人總會問我是中國人還是日本人，我向他們、也是向自己反復確認我的中國人身分。今日在香港的加納朋友也會稱呼我為半個加納人。當我移居美國後，情況又不同了。無論在紐約市、在弗吉尼亞的鄉野校園、在波士頓多元化的高科技公司，或是在市郊的中國教會，我都要設法把自己和來自內地以及台灣的中國人區分出來，我要他們知道我來自香港。

為了證明自己香港人的身分，我經常和身分相同的人在一起，做一樣的事，聽譚詠麟和梅艷芳的流行歌曲、看周潤發和周星馳的電影、愛吃港式點心，看關於彭定康和立法會選舉的新聞。但是和其他港人不同的是，這一切我都是刻意為之，並不視為理所當然。直到我重返香港的幾年之後，2003年7月1日，我和很多港人聚在維多利亞公園，那時我才真正感到自己的香港人身分。當我選擇與五十萬港人集體反對那將影響這城市每一個人的《基本法》二十三條立法，我方真正確定自己作為香港人的身分認同感。

美國人？

情況相反的是，成為美國公民的決定，在我心中卻歷經幾番痛苦的掙扎。我交了許多美國朋友，熟讀美國歷史和政治，參加市政廳會議，也欣賞很多美式價值觀和傳統，但我還是不確定自己要不要成為美國公民。如果成了美國公民，那麼在奧運會上我究竟要為哪一國助威呢？若中美兩國發生衝突，我會甘心服役美軍嗎？在美國將近二十年後，我終於說服自己參與美式的民主實驗，認同人生來平等，天賦人權和自由的信念。一個春日，在美國宣布獨立戰爭的波士頓，於歷史悠久的法尼爾廳內，房間掛着美國開國總統及功臣的畫像，我和幾百人一起朗讀公民宣誓誓詞，宣誓效忠於聯邦憲法。那一刻實在觸動人心，我看到很多人流下熱淚。客旅寄居的異鄉人如今成為公民。然而，直到9/11之後當我從香港回美國，才真正體會作為美國公民的感覺。抵達三藩市國際機場，我走向海關，警官看到我的美國護照，即對我露出燦爛的微笑説：「歡迎回家！」

中國人？

上帝明言對他的子民有豐盛的憐憫和慈愛，但其實我並不了解那是什麼意思。當上帝呼召我進入中國觀看他的作為時，我也不知道該期待什麼。在中國，我走入外來民工子女的世界，並發現這些貧窮無望的青少年被身處的社會排斥。他們不被視為公民，只被視為外鄉人和局外者，不配住在城市人的父輩用血汗建設的城市。於是我們便開展了外來民工子女健康發展項目，為他們提供機會和資訊，建立他們的抗逆力和長處，幫助他們適應城市生活。短期的項目評估顯示出預期的正面影響，然而長期的追蹤研究卻令我們詫異。一個已經在城市打工的民工子弟告訴我們，這些年過去，抗逆課程和創路課程的內容他忘得一乾二淨；只是每當他面對工作中的失意和挫折，他都會想起培訓師和志願者的鼓勵。這些愉悦的記憶以及來自同行者真誠的關愛，成為他前行的力量。他感到有一個和他緊密聯結的羣體。這份愛的源頭，彰顯了上帝對他的憐憫和關愛。

外來民工子女在城市的身分危機還會繼續存在，但是我相信，終有一天，當他們被城市的主流人羣接納後，他們會格外珍惜作為城市寶貴一員的身分。

神的子民

「從前算不得子民，現在卻作了神的子民。」上帝揀選我進入祂的國度，也是出於這份憐憫和慈愛，我對此十分珍惜。我過去不在祂的國度裏，但現在站立在他面前。公民身分關乎一個人是否感到自己是羣體的一部分，並且有意識地選擇成為其中的一部分。但作為成員並非身分的全部。耶穌曾警告說：「凡稱呼我主阿，主阿的人，不能都進天國。惟獨遵行我天父旨意的人，才能進去。」所以我必須經常捫心自問：我的言行是否符合天國子民這一身分的要求？

懷疑自己不是父母的親生兒子已經是陳年往事。當初這樣想也不是因為他們不愛我，但確認兒子身分後，我更加意識到如何與他們相處，並表達我對他們的愛。對於天父也是如此。■

曾育彪

青年發展基金總研究主任，曾在大學任教及研究。
早年從留學到流浪，在非洲加納和美國居住多年。
因好奇心重，對文理社科均有探索，卻未成專家。

我仰望天空

周佩波

剛來港的頭幾年，學校、家庭、社會、經濟的困境像五指山，把我壓得喘不過氣來。每天深夜，我望着深水埗舊樓狹縫間的街燈，眼淚濕了又乾、乾了又濕。我仰望天空，卻找不到熟悉的星星，鄉愁愁斷腸，連安慰遊子的月亮也只是偶爾出現，還要像有氣沒力的老伯伯，暗淡無光。心中不免感慨，人造的燈讓我們的目光淺了，連遠一點的星光也看不到，還抱着四大夜景之都的名銜在自傲。難道，我真的要寫一首詩來詠燈嗎？我要舉酒邀明燈，對影成三人嗎？

天上的神

小時候的夏天，我們把自家製的竹牀搬出屋前空地，躺着仰望天空，聽奶奶講嫦娥奔月的故事。漫天星宿，我問爺爺，天上的星星那麼多，有沒有人管的？爺爺摸一摸大肚腩，笑着道，這個宇宙有一個天神，祂統領一切，決定人的命運生死，掌管萬物生死枯榮。他指着北斗七星説，那就是最重要的星，天神透過它來指引蒼生路向。

爺爺熟悉天文地理。跟着爺爺奶奶的幾年間，各路風水師傅到家中住宿的時間還多於我的父母。我自小也學會了看掌相、測字、看山看水的，每天還會敬香兩次予祖宗、各路神明和天神。有時同學欺負我，恥笑我是「孤兒仔」、「香港仔」，我總會稟報神明，希望他們得到教訓，但總是「不靈」。有時我也疑惑，既然天神統管一切，為何還要有各路神明？爺爺説，不要再問。八歲那一年，見到父母才聚在一起，就如黑社會般武鬥，我崩潰了。自此，我試過幾次輕生，幸好命不該絕。之後的八年，我幾乎夜夜在魔鬼分屍的噩夢中驚醒過來。

初中時期，我接到通知獲批前往香港與父親團聚。村裏的長輩告訴我，香港遍地黃金，他還形容了黃金的色澤、形狀和重量，村裏小孩都對他的見識深感佩服。那時候，我想我終於明白村裏紅白二事播寬銀幕電影時，香港的電影裏頭都是黑社會份子，他們肯定是在爭黃金。但我抗拒香港仔這名號，生怕這一去，我就不是炎黃子孫了，那是用遍地黃金也換不了的。我望着天空，問天神，我自小「家」已支離破碎，一去香港，我會否連國民身分都沒了？那我在地上還有身分嗎？那份失落，箇中沮喪難以形容。

來到香港，住在深水埗舊樓的破爛小單位，與父親之前在村裏所提及的豪華沾不上邊。我當時打從心底明白，我和妹妹只是過客，這不是我的家，何況還要面對繼母和同父異母的弟弟。那個時候，我單純地相信電影上的情節，繼母都是壞人。生活在這個心境與環境下，只能不斷尋求出路。有一位老師曾表示願意收養我，但在我準備好之際，她卻消失了，後來流傳她患了精神病。

我入讀一間號稱為「十大爛仔學校」的男校，如今已關門。在那裏，不諳廣東話的我被歧視為「鄉下仔」，歧視我的還有來自大城市的移民。我知道，我的根不在這裏。我自卑得不敢雙目直視他人，就像自己剛做了壞事般心虛。在這陌生冷酷的環境，只有天上的星宿才是熟悉的。但仰望天空，卻看不見一顆星星，眼角盡是四周街燈所發出的光。悲從中來！於是，我給自己起一個英文名Wayne，取其意為北斗七星，讓我隨時都能見到天神的指路星，指引我路，我也卑微地希望有朝一日我能成為別人的指路燈。

人算什麼，祢竟顧念他

後來遇上一位中文老師，他教我寫詩，有需要時還援助我的生活。他是一位基督徒，也是我的恩師和人生教練，閒時會帶我去做義工，漸漸地我走出了黑暗。偶爾我會問起基督教與神，他總一一回答。我對神十分渴慕，也堅信祂會領我走出死蔭幽谷。然而，父親卻嚴詞禁止我成為基督徒，事情不了了之，但我心中仍敬畏着神。家庭、生活與經濟上的挑戰如不斷的狂濤壓來，沒有絲毫手軟。但我相信，上帝拋出一個難題，也會提供一個答案，也許神在考驗我、陶造我吧。我不斷經驗神奇妙的預備，使我過了一關又一關。浮沉之間，機緣巧合，我在大學時期決志成為基督徒那一天，興奮莫名，打電話給所有認識的人。從此我有了家，也有了國，信靠神過每一天。

翻開〈詩篇〉第八篇，大衛詠道：「我觀看你指頭所造的天，並你所陳設的月亮星宿，便說：人算什麼，你竟顧念他？世人算什麼，你竟眷顧他？你叫他比天使微小一點，並賜他榮耀尊貴為冠冕。」我自小仰望繁星點點的夜空，深知人的渺小，也明白這個宇宙有個至高無上的神。我在想，上帝把地球上大氣層弄得清澈，就是讓我們抬頭仰望，觀看祂的偉大創造吧？我低頭望着路邊破壁而出的小草，讚歎神的作為。連這小小的草祂也供給水和養分，使它成長，祂對人的供給又是何其豐足。更重要的是，我們得到神那永恆的愛，神國那豐盛的筵席亦已為我們預備。祂甚至讓祂的獨生子降世為人，以血為我們洗滌罪，使我們能夠親近上帝。

過去，自卑心作祟，我常問自己是否不配進入天國。神說：凡勞苦擔重擔的人，可以到我這裏來，我就使你們得安息。神又說：信的人有永生。我知道，我沒有比誰尊貴，但我的信也沒有比誰少。在進入神國之前，就讓我在地上繼續傳揚神的愛，以生活作最實在的見證。

　　這天，我仰望天空，再見繁星，北斗明亮，不再迷失。我感謝神的恩典，無論風雨，都與我同行，直至神再回來的日子。■

周佩波

公關公司董事，親子專欄作家，香港精神大使，現為多個慈善機構核心成員，並矢志推動生命及親子教育。

一起回家，享受父愛

趙晗

我生於北京一個回族大家庭。媽媽的祖上自古住在回族自治區縣。回族人身材高大，鼻樑挺直，眼窩深陷。男性長輩經常頭戴一頂白色小帽。自幼我便知道我們這一族裔和漢人不同。外婆家大門上掛着墨綠底色的阿拉伯文標誌，家中的日曆全是清真寺圖案，印着《古蘭經》經文，標有伊斯蘭教節慶。開齋節、宰牲節，對我來說都不陌生。在這個家族中，偏偏我媽媽「離經叛道」，嫁給了我爸——家族中惟一的漢人。

回人家中的漢民

在漢人和回民種種禮數的夾縫中長大，自幼我就有着難以排解的身分危機，後來又成了港漂。我從未停止過詢問「我究竟是誰」。

我對於伊斯蘭教一直沒有歸屬感。他們禮數繁多，少講饒恕。我的親戚們對吃極為講究，只在清真餐廳就餐。我的外公外婆不在我祖父母家中吃飯，不使用他們的碗筷。對他們來說，「豬」是極大的禁忌。我從小就不知道對於「豬」應該持什麼看法，當爸爸帶我外出吃飯，面對香噴噴的紅燒肉，我究竟如何取捨？外公外婆說「豬是極髒的！」那麼我這吃了豬肉的小娃，在他們眼中，是不是也很髒？——這些問題非常困擾我。再加上爸爸家是漢民，我覺得自己彷彿低人一等。被邊緣化的感覺使我很抗拒伊斯蘭教。

我從未懷疑過天地間有一位真神。高中的時候我在英國歸信基督，受了洗禮。漸漸地我開始有「宗教優越感」，我覺得天國大門只為「基督徒」而開。有一次，我非常傲慢地對我媽說：「我看你們回民，如今淪落到只知因循祖宗的傳統，不吃豬肉。然而你們的信仰是死的！你們的信仰從未告訴過你們如何處理罪惡！」我媽聽後大驚。

2007年春節，外公去世。那時我正在瑞典留學，未能出席他的葬禮。他在死前一直呼喚我的名字，這令我無比心酸。回國後我去北京回民公墓祭他，在墨綠色和彎月亮籠罩的墓地，我在外公墳塚的土上畫了一個大大的十字架，我盼望在天堂再見到他。我不停地問上帝，我們還能見面否？

第二天，媽媽告訴我：「你在外公墳上畫的十字架，惹惱了家裏人。他們說你胡作非為。」這話令我非常氣憤，甚至遷怒阿拉伯人。我想到9/11，想到恐怖襲擊，這些足以使我這個狹隘的人把阿拉伯人和恐怖主義聯想在一起。

然而他們究竟是誰呢？

亞伯拉罕的後裔

從某種程度上說，他們也是我血統的歷史。有一天我終於決定仔細研讀阿拉伯人的歷史。原來，我們的祖先是以實瑪利，是亞伯拉罕和婢女夏甲所生的兒子，是「應許之子」以撒的大哥！

愈看我愈覺得心傷羞愧，也愈來愈明白以實瑪利所受的苦。

夏甲懷孕後小看撒萊，並招致主母苦待。她最終難以忍受，逃走了。母子之間的共鳴，往往微妙而準確。以實瑪利還在母腹的時候，已經經歷到被遺棄的苦痛。夏甲想來也是個烈女子，拖着身孕，一路跑到曠野。這是怎樣的創痛！

然而，《聖經》中兩個第一次，都發生在他們身上。記載中神的使者第一次到訪，就是找夏甲。耶和華的使者問夏甲：「撒萊的使女夏甲，你從哪裏來？要往哪裏去？」夏甲說：「我從我的主母撒萊面前逃出來。」她只回答了第一個問題，因為她的確不知道要往哪裏去！但是神的使者對她說：「你回到你主母那裏，服在她手下。」

記載中神第一次替人取名字，即是對亞伯拉罕和夏甲的這個孩子：「給他起名叫以實瑪利，因為耶和華聽見了你的苦情。」並且神也應許「必使你的後裔極其繁多，甚至不可勝數。」夏甲稱那對她說話的耶和華為「看顧人的神」。

以實瑪利十四歲時，以撒出生了。這個在人眼中不可能的「應許之子」終於來到。大家開始明白以實瑪利的確不是神所應許的那一位。以實瑪利大概十七歲時，撒拉（前名撒萊，於〈創世記〉十七15由耶和華易名）見他在以撒斷奶的宴席上戲笑，便要求亞伯拉罕將這對母子驅趕出去。

夏甲和兒子再次遭到驅逐，在別是巴的曠野迷了路。快要渴死時，這位母親把孩子撇在小樹底下，自己走開一箭之遠，相對而坐，說：「我不忍見孩子死！」說罷便放聲大哭。這時候的以實瑪利已經不再是不諳世事的小孩子。他已經長大成人，可以明白發生的一切。以撒出生後，他目睹關注與嬌寵如何從自己身上轉向這個「應許之子」，他看到亞伯拉罕是多麼高興。最可怕的是，他再次被生身父親拒絕！這傷口仍未愈合，綿延至今，依舊傷痛。

當地上的父親停止撫養以實瑪利的時候，天父再次來照顧他。神差遣使者呼叫夏甲：「不要害怕，神已經聽見童子的聲音了。起來！把童子抱在懷中，我必使他的後裔成為大國。」天父從來沒有忘記他，沒有忘記亞伯拉罕九十九歲，以實瑪利十三歲的時候，他們同受割禮，同在一個永恆的約中。

伊斯蘭教對於上帝的九十九個稱呼中，單單沒有「父親」和「慈愛」。原來以實瑪利和後代在內心深處一直在尋覓父親的位置！

感謝神把我放在這樣的處境中，也令我在這個回族家庭中第一個接受耶穌基督。帶着種種雙重身分反思自己的「天國身分」，我更加看到神的心意是拯救，是要讓以實瑪利的後代也可以進入他永恆完備的救贖計劃中。我為自己的自私自義感到羞愧。

以撒和以實瑪利的後代，有着同一位地上的父親，更有着同一位天上的父親！藉着耶穌基督，回到爸爸面前，回家吧。耶穌應許我們說：「我必不撇下你們為孤兒。」■

趙晗

北京姑娘，回族血統，英國受洗，香港讀書，足迹遍布十餘國家。突破機構「北京外來工子女健康發展項目」同工。

樂融救恩愛無限，恆享天筵福滿溢

謝小華

寫給我心坎中最偉大的書法家爸爸：

再也分不清，到底是誰領誰，相信耶穌？我常想：其實是爸爸領我們進入神的國度的。

「不要教養孩童成為富翁，要讓他們成為快樂的人；
讓他成長後，知曉的是事物的價值，而非事物的價錢。」

多謝爸爸，將最好的東西送給我們！自孩提時代，兄弟姊妹受家父嚴謹的教導。爸爸的訓誨及處世態度，深印在我們的心坎中。

人窮志不窮

童年時我家過着清貧的生活，但爸爸總教我們人窮志不窮的氣節。

爸爸經常強調，不要因生活環境不如意而氣餒。是以，兄弟姊妹在爸爸的引導之下，總是以勤奮上進、凡事盡力而為的態度面對事情。無論是學業、工作，務必要全力以赴。最後，終於不負爸爸所望，所有兄弟姊妹，全部大學畢業。

非以役人，乃役於人

「非以役人，乃役於人」是我所就讀的聖公會小學校訓。

兒時不明其意義，但從爸爸身上，卻逐漸領略箇中真諦。雖然爸爸當時未信主，但在待人處事方面，他常常教導我們捨己為人的精神。例如：寧願自己吃虧，也不讓他人受損。當爸爸隻身來港，白手興家、千辛萬苦經營生意，或遭朋友欺騙，最後生意被迫結業。但爸爸毫不抱怨。

爸爸囑咐我們，與人約會時，事必早到，寧願等待人，也不能因為自己遲到，而害人家白等。爸爸敬業樂業，上班永遠只有早到，沒有遲到；這正是爸爸的言教和身體力行。

讓我愛

每逢我唱詩歌〈讓我愛而不受感戴〉(《聖徒詩歌》381首),我會想起,我口中的歌詞,是爸爸的一生,他默然活出歌詞的精髓。

讓我愛而不受感戴,讓我事而不受賞賜;
讓我盡力而不被人記,讓我受苦而不被人睹。
只知傾酒,不知飲酒;只想擘餅,不想留餅,
倒出生命來使人得幸福,捨棄安寧而使人得舒服。
不受體恤,不受眷顧,不受推崇;不受安撫;
寧可淒涼,寧可孤苦;寧可無告,寧可被負。
願意以血淚作為冠冕的代價,願意受虧損來度旅客的生涯。

施人心勿念,受施者勿忘

「憐憫貧窮的,就是借給耶和華;他的善行,耶和華必償還。」(箴十九17)

爸爸教導我們,每當為他人付出時,要從心而作,且不望回報。然而,當你受人家恩惠時,卻永不能忘記人家的恩惠。

「客要一味的款待」（羅十二 13 下）

爸爸喜歡款待別人，童年雖然家貧，但每逢友朋造訪，爸爸務必誠邀友人留下，一起吃飯。記得當我們一家還是很貧窮的時候，爸爸竟款待一位無家可歸的朋友，在家住了很長的日子。爸爸，你就是那位世上難得的最佳老友，全然付上，不計回報。印象中這位朋友受恩惠之後，沒有再探望我們。但是，爸爸還是絲毫沒發怨言。

認識基督，始於爸爸

爸爸年輕時雖然未信主，但堅持送我們到基督教學校就讀。即使搬家，也堅持轉往聖公會聯會的小學。福音的種籽，從此播種在我們的幼小心靈內。

還記得平生首次上教會，也是未信主的大哥帶領我們踏入教會的大門。及後我們在基督教教育中成長，透過上教會，真正明白救恩。及後再邀請父母到教會，認識及接受基督為個人的救主。

我常想：真正的福音玄機，不是我們子女帶領爸爸信主；而是憑藉基督的大能，透過爸爸的言行，並他為子女學業的安排，讓我們有幸從小認識主基督。

親愛的爸爸、天家再聚。惟願大能的神，使我們早日全家歸主，他日於天家再聚。

四女小華

二零一三年三月十一日

謝小華

《源心繪——在塗鴉中發現自己》作者、賽馬會體藝中學視覺藝術科科主任、行政長官卓越教學獎得主、教師協會副主席、教育局課程發展議會藝術教育委員會委員、香港考試及評核局中六視覺藝術科科目委員會主席、教育局課程發展處高中視覺藝術科專業學習社羣課程統籌、香港教育學院教學顧問、亞洲藝術文獻庫顧問老師、香港學術及職業資歷評審局（評審局）應用學習質素保證訪問小組成員。

誰說天國不是彩虹橋？

張婉雯

我依然時常想起已離世的愛貓浪浪。他在天主身邊可安好？

這個想法我可不敢隨便向別人——尤其是基督徒——提起。否則，只怕惹來一番爭論：「動物沒有靈魂，不會上天堂」、「動物不會得救」⋯⋯諸如此類，一大堆耳熟能詳但又似乎沒什麼說服力的「論述」總是隨問題而至。

然而浪浪對這些爭拗大抵不感興趣罷。在塵世的日子他就做好他的貓，時而高傲兇狠，時而嬌嗲柔情。浪浪對自己身體的「勢力範圍」分得很清楚：頭、背等黃色部分是「可觸摸區」，腹、腳等白色部分是「私隱區」，是他的神聖領土，不容侵犯。我等臣民對浪浪的旨意可不敢違背，要不然就等着貓爪侍候。

浪浪這種風姿一直到他病重、病逝，絲毫未變。腎衰竭、淋巴癌同時發作，浪浪依舊拒絕吃藥打針。我和妹妹曾經因餵藥失敗對着他狂吼，他也大聲反駁，兩人一貓就在斗室內激烈爭吵，那情景跟一切人類家庭的爭執、指責、申辯、還擊完全相同。最後當然是我們作為人類的投降，浪浪大可堅持己見，我們卻不敢叫已病重的他太激動。於是浪浪繼續忠於自己的選擇：順天命而生，享受不打針不吃藥的日子，直至離去。

由浪浪患病到離世的那段日子，我多數時候都把自己的一套價值觀強加在他身上：生命當然愈長愈好，相聚的時間亦然；病人（病貓）是弱者，合該聽其他人指揮；應該尋求各種治療方法，並以「痊愈」為惟一目的與理所當然的結果。然而浪浪的邏輯不是現代人和城市人的邏輯；死亡對他來說並非最可怕的事。在他心中，被擺佈，被迫吃不想吃的藥，被迫開刀打針等折騰，可能比死難受一百倍。

在浪浪的字典裏，「自主」一詞等如「生命」，也等如「死亡」，而他真的做到了。而我也學會了：「活一天算一天」原來不一定要消極的，像浪浪那樣，在生命倒數的日子裏，吃他能吃的，找個日光正好的窗旁午睡，跳上人們的大腿上撒嬌，伏在鋼琴前聽巴哈⋯⋯有一段日子，浪浪甚至因身體毒素太高，引致瞳孔放大，雙目失明。然而我們看不見他有任何憂慮、抱怨、投訴；他自然知道哪裏有食物和水、哪裏有沙發枕頭、哪裏有溫暖陽光。看着他蜷起身體，舒服地曬太陽的樣子，是無論如何也想像不到癌細胞正在他體內擴散、吞噬。他的毛髮依舊亮麗光滑，骨架也依舊碩大壯闊。頸項的一圈橙黃絨毛散開成尖尖的髮端，如同古畫中貴族的披風鳳毛。浪浪是他自己的國王：尊貴、自愛。

是以上帝對浪浪很好。在他離開我們的前一天，除了精神稍遜外，一切如常。然後，翌日，在毫無先兆毫無痛苦的情況下，他走了。上帝對我們也很好，不用我們決定是否讓他安樂走。那無論如何都是痛苦的決定。每想到這一點，我在傷感中不無感恩：這是神的旨意也是浪浪的決定。祂和他委實待我們不薄。

像浪浪這樣的貓，怎能說他是寵物呢？他是我的老師，也是我在上主面前的先驅。因為他，我知道上帝的愛恩霖所有受造物；祂的陽光照耀地上和空中萬物，祂的雨水灑遍所有生命，包括動物。

看着動物的眼睛，你會明白他們也有喜怒哀樂，有情緒，有思考；我甚至會大膽地說，動物也有靈魂。動物與人最大的分別，不是動物沒有上帝的那一口「氣」，而是動物沒有「罪」，他們只有需要，沒有慾望。有時我覺得，如果人生在世，有動物的純真，又能把愛自己的情感，推延到愛他人、愛動物、愛大自然的境界，那麼，又何必一定要等到死後才上天堂？有愛的塵世，也就是天堂。

喜歡動物的朋友之間有一個關於「彩虹橋」的說法：據説，離世後的動物，都會到一個叫「彩虹橋」的地方，「彩虹」不就是上帝與世界立約的印記嗎？説不定，「天國」與「彩虹橋」根本就是同一個地方；那裏沒有眼淚，沒有痛苦，只有歡欣、自由、快樂。

張婉雯

小說作者，語文導師，動物維權分子，四貓一子之母。

神的國：
是聖潔的國度，
是屬神的子民……

公元1-5世紀

羅馬鬥獸場

羅馬鬥獸場建於公元72-82年間，是標誌古羅馬的建築物。鬥獸場一直用作競技表演，角鬥士要與動物，或與人搏鬥至其中一方死亡，可想而知不少生命在當中流逝。有趣的是，在6世紀禁止競技後，這場地先後被當作碉堡、教堂，在18世紀更因為有基督徒曾在這裏殉道而被封為聖地。現在，鬥獸場是教宗每年復活節舉行公拜苦路的地方。

馬丁路德

1517年，馬丁路德將九十五條反對贖罪券的論綱釘到維騰貝格宮殿教堂的大門上，是為宗教改革的開始。雕像刻畫馬丁路德的神情堅定，手執《聖經》，表現出他重視《聖經》的權威，決意依據《聖經》提出教會應有的改革。他被逐出教會，被迫放棄天主教徒的身分，但他的宗教改革運動促成基督新教的成立。

16世紀

14世紀

神曲

但丁的巨著《神曲》分為三部：《地獄篇》、《煉獄篇》、《天堂篇》。他寫的是幻遊經歷，當中包括對天堂的想像，也涵蓋了對道德的追求。他用作品反映意大利的現實生活，透露他對黨派鬥爭、教皇的醜惡等社會問題的不滿。他的愛國情懷，從他在詩歌流露的深切哀痛可見：「唉，奴隸般的意大利，你哀痛之逆旅，你這暴風雨中沒有舵手的孤舟。」

馬撒大永不淪陷

每一個國家每一個民族都有她的「精忠報國」悲壯故事。很不幸，中華人民的忠君愛國，大都是悲而不壯，「我愛國家，國家竟然不愛我」，徒落得愚夫的稱號，其中尤以岳飛的下場，讓人心痛得只恨手上沒有一枝鐵筆把此一段歷史一筆勾銷！

哪一個是我的國家？我要對誰效忠？

自有人類歷史文明以來，上述的問題，值得任何心繫家國的人，仿傚屈原上下求索。

「馬撒大永不淪陷」的猶太歷史，或許可以建構一個供大家討論的文本基礎。故事不得不由大希律說起。大家認識大希律，因為他親自下達命令（在耶穌出生、東方博士來訪以後），把伯利恆城及周邊地方兩歲以下男孩通通殺掉。但這位大希律，其實我們應該好好認識他，他就是所有人稱為成功的猶太人原型。主前40年，大希律為了逃避羅馬的逼害，跨越巴勒斯坦曠野，來到馬撒大（Masada，希伯來語意即山寨），在一個近似懸崖的山坡上建立不敗堡壘。這是一個宏大的藍圖，要有像他一樣魄力、對政治及建築有莫大野心的人才能竟全功。除了華麗的宮殿，先進的浴池以外。建築羣還包括糧倉、引水道、三層式守寨堡壘，大希律還沒有忘記建造一座現在號稱全球最古老的猶太會堂。

但大希律沒有正式使用馬撒大，他的政治智慧使他可以重回耶路撒冷執政。馬撒大真正發揮作用要等到主後70年。羅馬佔領耶路撒冷，拆毀聖殿，一班猶太奮鋭黨人（Zealots）帶同妻小疾走馬撒大，死守孤城。這是一個自發性組織，效忠的對象是猶太人信奉的Adonai，要爭取的是有神管治的國家民族的聖潔與自由。馬撒大的地理環境和大希律自給自足式的設計，正好給這班孤臣孽子一絲寄望。而馬撒大確是久經慣戰的羅馬人的一道難題，Silva將軍帶領第十兵團，佈下八個營旅，整整三年，仍無法取下馬撒大。後來Silva找來猶太人俘在山坡周圍堆積土坡，再在土坡上鋪設土道，架起攻城器，並截斷水源，才將山寨一舉攻下。

這不是一次勝戰，連慘勝也稱不上：山寨建築大部分已焚毀，一個活口也沒有，迎接敵軍的，是九百六十七具男女老少的屍體！

故事來到這兒添加了傳説，即使有約瑟夫的猶太歷史佐證，還是讓人覺得故事悲壯得不可思議（例如考古學家發現屍體數目遠少於約瑟夫的記載）。九百六十七具屍體分成十組，由十位劍手逐一行刑，全都是一劍刺穿咽喉身亡。然後十個劍手又選出一人，用同樣手法殺死其餘九人。孤身一人的他，負責燒燬山寨，然後自殺。這最後的一個猶太人犧牲最大，因為自殺者在猶太教中認定不許上天堂得永生。起義首領就義前的一番演説，神權色彩更為濃厚：「感謝上帝給了我們機會，當我們從容就義時是自由人，可以選擇與所愛的人一起死亡，光榮地死在妻兒身旁，永恆的清譽將屬於我們。明天，敵人只能得到我們殉國的身軀。光榮屬於我們而不屬於敵人。」

「馬撒大永不淪陷」事件，提醒我們在反省何謂效忠何謂國時，一堆不可或缺的情境詞彙，例如光榮、忠誠、死亡、自由、信念、抗爭、精神不滅等。一切都有待定義，也沒有標準答案。不過，猶太人因着一神信仰，似乎毫無困難地，對這些詞匯的描繪，取得內部的一致性。只要看看以色列自1948年復國以後，如何發揮馬撒大精神便一目瞭然：每當以色列新兵入伍，進行新兵集訓前，必定有一個入伍宣誓儀式。儀式在馬撒大舉行，新兵由軍官帶領，循當年羅馬兵登山的路線攀上山寨，排列後，一同大聲吶喊：「馬撒大永不淪陷」！

究竟一生歸從誰？

張偉昌

青少年時期，教會受基要神學的影響，對看電影仍有半點掙扎，到今天教會認定福音思想不囿於電影文化，陸續體驗電影傳遞信息的語言能力。其中一套令自己信仰得着不少反思的電影，莫過於數年前上映的《魔戒》[1]（*The Lord of the Rings*）三部曲。《魔戒》又名《指環王》，作者是20世紀上旬牛津大學教授兼語言學家J.R.R.托爾金。托爾金寫作《魔戒》時，正值第二次世界大戰；慘烈的戰爭讓人性光輝與醜惡兩面交錯，加上天主教信仰背景，使托爾金寫作《魔戒》的背後滲透着信仰的元素。《魔戒》拍成電影，更透過劇情與影像展示小說背後的信仰信息與力量。

魔戒：權力的誘惑

《魔戒》述說魔君索倫受埃西鐸切除戴戒指的手指而失去

軀體，但他的靈體蠢蠢欲動，藉尋索魔戒而重新得回實體力量，侵佔中土世界。故事發展就是講述偶然取得魔戒的佛羅多（Frodo），在灰袍巫師甘道夫（Gandalf）的帶領下，與護送他的魔戒遠征隊，如何在重重險阻下克服困難，毀滅魔戒。為何作者選擇戒指成為小說的關鍵物件？戒指，在中世紀主要的功用不單是飾物或結婚立婚約時的信物，更是王侯宣示權力的記號。王侯們將指環上獨有的徽號蓋印在火漆上，展示其權力核准所在。擁有眾指環的主人，就是掌控權力的王者。小說設定戴上魔戒的人，會隱身無人可看見，能夠在隱密處干預他人，卻不被人知悉，這就是權力的宣示與誘惑的所在，具有等同擁有活在至高隱密處之上帝同等的能力。

當我們想起國家時，國王不能沒有的就是國土並其子民，而更不可或缺的，就是高高在上管轄子民百姓的權力。能夠高坐在寶座上，傲視他人，從來就是某些人人性心底渴望追逐的慾念。反過來說，甘願俯伏在君王寶座下拜的，是因為在上的以德服人，令人臣服，奉之為君，還是那個掌握權力者以力服人，以其霸氣懾服他人？

哈比人的擇善固執

從小說《哈比人》開始，托爾金已描繪哈比族的人是天性單純，酷愛悠閒的大自然田園生活，平日最愛務農，享受宴會醉酒，與眾同樂。哈比人佛羅多及他的三個朋友，無意中成為負責毀滅魔戒的主要角色，是由於佛羅多有一顆天生願意拔刀相助的俠義心腸，沒有半點機心，只想毀滅黑暗，免得中土世界被摧毀。佛羅多的品性正好成為對抗魔戒誘惑的上好武器；也因如此，受甘道夫的引導，加上一股發自內心善良的衝動，佛羅多自願承擔毀滅魔戒的任務。

哈比族沒有國家，住在哈比屯的人互相親愛，不崇尚權力，不需要人統治，也很少理會中土世界的權力鬥爭與戰事；但正義感加上唇亡齒寒，佛羅多還是決定走進對抗黑暗的命途上，因而救了自己，也拯救了中土世界。哈比人身段矮小，只及常人身高的一半，看似沒有什麼天賦本錢承擔艱巨任務，然而，命運的帶領卻讓哈比人完成了毀滅魔戒的使命。上帝能差遣十二營天使來為祂工作，卻選擇了軟弱會犯錯失敗，但渴慕真理善良的人去成就使世界得贖的使命，可見上帝對祂手所造的人類極其珍愛，願意冒險讓人擔任為祂執行救贖任務的使者。

遊俠亞拉岡

神祕的遊俠亞拉岡，真正的身分是剛鐸國的儲君，卻由於眼見先祖不能勝過魔戒的誘惑——不願把魔戒毀滅而最後據為己有，結果招致殺身之禍——亞拉岡因此對自己缺乏信心，恐怕重蹈先祖覆轍，惟有放逐自己離開國家流浪，免受誘惑，怎料國家落入無能的攝政王管理之下，變得混亂不堪。如果魔戒隱喻着權力，嗜權者的放任無異令人恐懼，就如原先尋獲魔戒的史密戈，被魔戒摧殘至成為不似人形的咕嚕；但過分逃避運用權勢，也可能像亞拉岡一樣，沒有把握自己的職分，恰當運用職分賦予的權力，結果令情況出現混亂，遺害深遠。亞拉岡最後衝破個人心理障礙，重拾王者領導的身分，幫助佛羅多逃過索倫的搜捕，也幫助剛鐸國逃過被黑暗大軍亡國的危難。

多元的挑戰

魔戒遠征隊共有九位成員，包括：負責毀滅魔戒的佛羅多，無意中闖入而成為遠征隊成員的佛羅多三個朋友——佛羅多的園丁山姆、佛羅多的表姪梅里及皮聘、遊俠亞拉岡、矮人金靂、精靈勒苟拉斯、剛鐸攝政王迪耐瑟之子波羅莫以及巫師甘道夫。魔戒遠征隊的成員背景各有不同，動機、性格與才幹也有差異，有像天使一樣尊貴的精靈，也有像社會低下層一般、在地底挖掘礦物的矮人，甚至在團隊中也曾受魔戒的誘惑而內鬨；但卻因彼此的不同，在配搭下成就了最終的任務。這正好隱喻上帝對教會的盼望，上帝喜愛多元，從不輕看社會上不同階層、不同膚色、不同背景的人。聖靈隨己意分派給各人有不同的恩賜，若能彼此順服，互相配搭，在基督的帶領下能發揮不同恩賜，是相互協助補足的美麗圖畫。

薩魯曼的抉擇

中土世界裏的白袍巫師薩魯曼，本是五位巫師中地位最受尊崇的，但他從水晶球中看見索倫的力量後，並沒有守住對抗黑暗、守護中土世界的使命，相反卻投向黑暗，大肆破壞森林來製造半獸人，投入戰爭中，協助索倫侵佔其他國家。薩魯曼投向魔君索倫，雖得着短暫成功，但最後卻遭對抗黑暗的聯盟唾棄，曾受他傷害的樹木守護者樹人，羣起發動報復行動，使他走上滅亡之路。

失去有時比保存更重要

佛羅多本可輕易地把魔戒送進熔岩中，最後卻受不住誘惑，想將魔戒據為己有，咕嚕出現，咬斷佛羅多戴着魔戒的手指。咕嚕搶得魔戒，卻掉進熔岩中沒頂，佛羅多雖失去一截手指，卻因而保存生命。若生命有任何部分教我們跌倒在地獄的火中，倒不如失去一部分肢體，讓生命得以存活。

每個抉擇的掙扎

佛羅多在整個背負及執行毀滅魔戒的路程中，曾出現不少掙扎，想過放棄，也曾抵受不住魔戒的誘惑。同樣，跟從基督作天國子民，背負天國使命，就如基督向跟從祂的人所作出的提醒：「若有人要跟從我，就當捨己，背起他的十字架來跟從我。」（太十六24）

跟從基督渴望進天國的人，知道恩典雖然是白白的，但「從施洗約翰的時候，到如今，天國是努力進入的，努力的人就得着了。」（太十一12）沒有人能靠個人善行進天國，但得進入天國的人，卻要在人生及信仰的路上不斷掙扎抉擇，擺脱世界、罪惡及人性慾念的誘惑，當中可能要付上不少犧牲和傷痛的代價。佛羅多在旅途初段，決定穿過矮人地底洞穴，豈料甘道夫為對抗炎魔而墮進深坑，佛羅多為此傷痛自責，盼望不曾背負毀滅魔戒的使命。此時，電影卻一再出現甘道夫曾向佛羅多説過的一句箴言：「有些時候我們不能選擇自己的命途，只能在有限的時間盡力完成所交付給你的使命。」掌握抉擇的權力，看似有無比的興奮與滿足，但良知敏銳的人，卻會為自己所作的決定感到很大壓力，甚至懷疑決定是否為別人帶來傷害。持守天國使命和信仰，其實內裏包含不少道德勇氣的堅持與掙扎，有些時候作決定後出現的後果未必如人所願，但人只能夠在自己不能逃避的限制中勇往直前。

上帝的國在哪裏？

活在今天這個受全球化影響的香港都會裏，作基督徒殊不簡單，要滿足自身生活每天眼前迫切的需求，加上生活競爭，文化衝擊，道德抉擇……在在都是人生及信仰的考驗。今天教會還不能逃避面對地產霸權、官商勾結、國民教育、順服掌權者，還是公民抗命等社會議題。活在馬丁路德所說的地上國度與天國國度兩種國度張力之中，我們當然期望自己站在天國的價值立場上。但上帝的國是什麼？誰人才算是活在上帝的國度裏？不是單從表面看你曾否接受洗禮，在教會有多少事奉崗位，人生有多少成就，或曾作出多少奉獻，這些都是重要的，但耶穌說：「上帝的國來到，不是眼所能見的……因為上帝的國就在你們心裏。」（路十七20下-21）原來站在上帝的國是一念之差，也是一生每段路途的抉擇，順從《聖經》教導、良知與理性，時刻警醒要站在真理善良的上帝身旁，就離天國不遠矣。

想起教會節期聖灰日的禮儀，牧師把去年棕枝主日的棕枝燒成灰燼，然後塗在信眾的額頭上，說：「你本是塵土，要一生效忠基督。」

「主啊，你有永生之道，我們還歸從誰呢？」（約六 68）■

註釋

1. 《魔戒》這部文學鉅著蘊藏豐富的信仰含意，點滴的勾畫未能將其信仰內涵充分演繹，只盼能啟迪讀者對故事的興趣。生命本來就是上帝創作的文學，是上帝手寫的傳奇，用心去發現，就能細味信仰人生的瑰麗。

張偉昌

禮賢會香港堂主任牧師，香港禮賢會區牧。

禮儀的羣體——從聖言到聖體，以至生命的禮讚

陳錦輝

聖禮乃打開聖言的鑰匙

有人打個譬喻，説信徒生命就是從自家安舒的加利利前往充滿未知數的耶路撒冷，有如主耶穌一生。但讀過〈路加福音〉最後一章關於兩個出走以馬忤斯的門徒故事，我們是否可以反過來説，信徒生命就是從「忘記背後、努力面前」的以馬忤斯，重新**返回**理想幻滅、死路一條的耶路撒冷？信徒大概無法變成耶穌，只能對祂忠誠。不過，兩個門徒既決意離開耶路撒冷，又何以返回？是因為路上遇見復活的主？細看經文，似乎還有內情：

> 耶穌對他們說：「無知的人哪，先知所說的一切話，你們的心信得太遲鈍了。」於是從摩西和眾先知起，凡經上所指着自己的話都給他們講解明白了……到了坐席的時候，

耶穌拿起餅來，祝謝了，擘開，遞給他們。他們的眼睛明亮了，這才認出他來。（路二十四25-27，31）

門徒的確遇上復活的主，卻未能辨認出主的**同在**。耶穌帶領門徒返回摩西與先知歷史的話裏，指明以色列的救贖以至一切應許，已在自己各各他受難一事上成就；其後耶穌重演「最後晚餐」，擘餅一刻，門徒才認出復活主一直在場。以馬忤斯事件令我們看到「聖言」與「聖體」（或聖餐）緊密連繫。

門徒並非在耶穌講解經卷時認出復活的主，而是於分餅的時刻。不過，與其因而妄下判言說「聖體」比「聖言」重要，毋寧說「聖體」乃打開「聖言」的鑰匙：摩西與先知的話、耶穌的死、以色列的救贖，都藉着祝餅、擘餅、分餅展現出自身意義；聖體成就了經文敍事的巔峰——主耶穌於當下的同在。如是「聖言」與「聖體」無法分割。聖餐除了是聖禮之最，更是《聖經》敍事的真理內核。耶穌在逾越節前夕設立聖餐，在出埃及的歷史語境中具有進入死亡、逾越死亡的意義。在「進入」與「逾越」、「奴役」與「釋放」之間，我們看到教會存在的意義和目的。

動態的記念

「這**餅**，我的身體。」耶穌設立聖餐時如此說。由於耶穌的母語阿蘭文在口語上並無verb-to-be，這話中大概本無一個「是」字，只有詞與詞之間的意義上連接。回顧過去，不同教會傳統一直就如何理解「餅」和「主的身體」的關係，或多或少有所分歧，甚至生發爭端；不過我們大致可同意，作為「聖體」，「這餅」象徵耶穌在十架上被撕裂的身體。

「……為的是記念我。」（林前十一25）此處「記念」一詞有助我們明白聖體為何是教會的中心。在中文和英語，「記念」的詞義都處於靜態，記念的對象總不在場，有如路過蜻蜓，已成過去，事後只餘漣漪。希伯來語境下，「記念」卻處動態：藉着記念，埋藏於過去的種種能夠傳遞至當下時空。記念，anamnesis，就是**逾越**固有時間秩序和眼前政治現實，重新與某個歷史事件連結，一再追認其為羣體自身的生命本源。歷史不再是逝者已矣、無力挽回，而是活靈活現於當下，轉化人與人、人與世界的關係；正正藉着閃現過去的時刻，一切得以挽回，當下始有亮光。

「為的是記念**我**」——這個「我」，不是乍現二千年前的偉人英雄，而是一個將赴十架、肉身將被撕裂的人。令人震驚的是這個獻上自己生命、將「我」犧牲掉的「我」，正是創造天地、救贖以色列的神啟示自身的形式；身體的破碎與死亡，顯明造物主的名字、救贖主的榮耀。教會對這個「我」的記念，既是**回望**，亦是**仰望**：恆常回望各各他的耶穌，肯定一個身體的撕裂，造就了教會——另一個身體——的豐盛；對十字架上「猶太人的王」的歷史回望，同時反射成對永恆三一神的仰望，看到惟有將生命獻上的主，踐行了徹底的忠誠和愛。借用Hans Urs von Balthasar的話：love alone is credible。惟愛可信，此為聖體之奧祕：因「我」進入死亡、逾越死亡，教會與三一神，以至人與人之間的契合（fellowship）才可能發生。回望與仰望是最基本的操練，構成信仰生命的座標和矩陣。

轉化物質世界的儀式

經常聽到一種說法：只要具備內容，形式並不重要。在關於敬拜的討論上，我們亦間中聽到這說法，實屬不幸。舉一個例：如果崇拜變得庸俗，並不因聖道宣講不行，也非會眾唱詩不夠投入，而是因為信徒失落了敬拜生命的形式——禮儀（liturgy）。

正如迎向夜空時，我們無法直接看到獵戶振臂的勇悍容貌，必須經過眾星之聚陣，才能一窺其影姿——我們無法在抽空形式、只求開放表達的敬拜中，直接經驗三一神，想像自己與神的關係如何親密。無論古代以色列抑或初期教會的敬拜，禮儀形式上的表達都極為重要；真正的屬靈經驗、感受、理解和詮釋都必然蘊藏於合宜的形式中。甚至可以說，整個敬拜生命和信仰實踐，從禱告、讀經、默想，到讚美、宣講和聖禮，都具有禮儀性質（liturgical）。

禮儀不只是信仰內容的載體，不可以從實用主義或效益主義的角度來看待之；禮儀是演活信仰的物質象徵。也許「禮儀」並非希臘文leitourgia最理想的中譯，但我們起碼不要未經思索，單看這詞彙便聯想到那些既階級化又繁瑣的社交禮儀（etiquette），更不要將教會禮儀看為一堆自動符碼化的宗教反射動作，不要求自省和批判。「禮儀」原初的意義足以反映其重要性：一切始於神的恩典。關鍵在於祂先為我們做過什麼、付出什麼，而不在於我們如何討好祂，甚至藉此討好自己，墮入自我感覺良好的快樂法則。「禮儀」的紀律或規範，正正有助信徒超越自滿與安舒（beyond the pleasure principle）：在教會禮儀中，自我不是起點，三一神的作為——創造、揀選、救贖、受苦、復活——才是我們注目所在。

換個角度看，禮儀並非囚禁自我、扭曲人性、壓抑慾望的工具；相反，禮儀的實踐正好模塑人的自我和慾望。來自加爾文學院的James Smith指出，無論是否基督徒，「人」本來就繫於「禮儀」（homo liturgicus）：日常生活的實踐並不純然出於「自然」，一切都是重複操練的果效。人不一定自覺自身如何被鑲嵌入某種社會習性、語言、價值的矩陣中，而這矩陣持續、重複地模組我們的慾望。金融市場、購物商場、網路速度……凡此種種皆模塑我們的習慣與氣質，而這正是資本社會操控的禮儀機制（liturgical apparatus）。假如教父奧古斯丁在世，他會重寫《上帝之城》，而今次教會的敵人，不再是希羅異教的政經意識形態和宗教文化宰制，而是全球化資本下的物質佔有、累積、計算、操控、縱慾和自滿。難道教會禮儀不再重要？生於慾望無限分裂、無序衍生的時代，以聖體為中心的教會禮儀，難道不正是轉化物質世界的鑰匙？

聖禮：感恩的禮讚

聖體體現了敬拜生活的精髓。聖餐的餅和酒象徵了道成肉身的耶穌，以犧牲來救贖整個創造，重定恩約。基督教與異教在「犧牲」的問題上具明顯差異。「犧牲」一般是指以（祭牲的）血、摧毀和死亡來換取神祇庇護、消災抵禍，這亦可看成某種政治經濟的交換邏輯：以祭牲或人的死亡來換取某社會秩序的延續。在教會傳統中，犧牲的關鍵卻不在「摧毀」和「死亡」(即使耶穌確實被殺於十字架上)，而是「生命」的呈獻和禮讚。耶穌此舉顛覆現實，令人驚奇：一方面，不是我們，而是基督以人的肉身，向神以至被造物奉獻自己的生命；另一方面，基督向我們揭示，只有將生命獻上、進入死亡，才能弔詭地逾越死亡與罪苦，獲得生命。基督在各各他的犧牲，展現敬拜生活的內核原是奧祕、悖論。

聖體作為教會禮儀的核心，有如夏夜星海裏天蠍座的心宿二；我們整個敬拜人生縈繞而生，藉此一再確認教會為基督的**身體**。自我不再是世界的中心，個人的幸福不再是生命的目的，慾望的對象轉化成神的國度。獻上生命，便有分於基督裏。信徒並不旁觀主耶穌的痛苦、眼淚、傷痕；在基督的身體裏，我們得以忠誠，參與祂重新創造、與世界復和的事工。基督為我們犧牲（pro nobis），化作我們自身內裏的犧牲（in nobis）。

For of him, and through him, and to him, are all things.
（羅十一36；英王欽定本）

禮儀既然是敬拜生活的物質形式，我們亦可藉以推論：只有通過教會禮儀的實踐，我們才可以在基督裏看到物質世界的真正意義。或許，陷於教條主義的唯物論者所犯的錯誤，不在於否認基督，而在於對「物」的肯定未夠徹底——他們看不到只有藉着基督耶穌的**身體**，人才能看到「物」的真正意義，才能察驗「物」的美好。

令人遺憾是我們並不一定比迷信唯物論者看得通透。仍有不少信徒鄙視物質世界，認定肉身虛幻，以為造物主要捨棄此世，一心靜待來世天堂福祉，甚至期待天崩地裂的末世和「被提」，無視基督身體撕裂與復活的終末意義。這大概才是當代的諾斯底誘惑（gnosticism）。

更令人痛心是這種靈肉二分的異教迷惑，今日更弔詭地見於許多信徒對全球資本帝國的認同（這再次指出，今日我們為何要重讀奧古斯丁對羅馬帝國異教的批判）：一方面蔑視物質，另一方面卻認同資本累積、市場競爭、財富佔有等為合乎理性良知的政經操作，委身其中追求卓越人生。這種諾斯底實踐，除了反映我們未能充分批判和哀悼現存社會關係中的扭曲不義，以及對《聖經》缺乏完整視野，也指向我們於聖禮上的枯竭：除了個體主義式的「記念」，再無任何社羣意義上的承擔。這種冷漠的記憶，與懷舊無異，只餘自我沉溺。抹煞十字架的歡慶是廉價的，吃喝自己的罪。

剛退休的英國坎特伯里大主教Rowan Williams指出：

聖體／聖餐指向一個悖論：只有當物質成為「禮物」，而非操控他人的工具或累積佔有的對象，物質才會為人類身心載有最完滿的意義——上帝恩典的意義，以至人類共同生活的意義，才得以模塑。

因基督耶穌為被造世界獻上生命所有予父，我們亦為被造世界獻上生命所有予造物主，藉着上帝的祝福釋放我們，得以真正自由地分享彼此生命，以至世界一切。從基督的話語，到基督的肉身，都宣告被造世界的轉化。聖體／聖餐，eucharist，原意thanksgiving，感恩的**禮讚**。一切創造與生命，一切美麗光明物，都是神恩賜的禮物。以感恩為祭，做個eucharistic的正直人，宣告捨己的主當下為王，勿失勿忘，念念不忘，此為記念。■

陳錦輝

曾任童書、雜誌編輯，近年於社區學院教書。

天國子民的身分迷失

何志朋

除了吃喝玩樂外，另一個常伴人類左右的問題，就是身分的迷失。孩子成長到青春期，需要自我肯定的意識，出現首次的身分迷失；到了成年時投身社會，在結構複雜的社會面前又有身分迷失的考驗。其實，本人入讀神學院前，也面對過上帝是否呼召我作僕人的身分迷失；而現在攻讀神學中的我則回到信仰的起始點，遇上是否天國子民的身分迷失。這種迷失的狀態在執筆前還是「新鮮出爐」似的，忙碌的學習使我一直也沒有時間正視其成因，或許藉着這次分享，我能靜靜的坐下來，回到上帝面前，透過文字，來一段整理自己身分問題的時間，也為自己尋找一條出路。

少讀經是天國子民身分迷失的原因嗎？

本人最近出現的心理狀態包括：在唱詩時反問自己，上帝是否如歌詞所說的愛我、放下本科前來攻讀神學的決定是否正確，甚至美好的上帝形象是否神學家為上帝套上去的？作為一個神學生，我知道需要正視這些問題，多於等待時間來沖淡我在信仰上的種種疑問。自我檢視時腦海浮現一句說話：「神學生進入神學院後，就只顧着鑽研神學書籍，卻不花時間閱讀《聖經》。」我比較入學前後花在讀經的時間，的確大不如前。但我深信少讀《聖經》不是真正讓我感到「天國子民身分好像失落了」的原因。

若從另一個角度，我問《聖經》是什麼？大家都會二話不說地回答，《聖經》是上帝的話語。當我捉緊「上帝話語是主體」的屬性，人類與《聖經》的交流便是上帝工作，我不能將自己身分迷失的問題歸咎於「我作為主體少讀《聖經》」的情況上，因為，這樣就是方向錯了，誤解讀《聖經》這個過程；反之卻是，原來我沒有成為聆聽上帝話語的聽眾。我的意思是，我的身分迷失不在於花多少時間讀《聖經》的「量」的問題，而是聆聽《聖經》的話語後，我沒有作出什麼回應。

將問題推到這裏時，我發現這次身分迷失的原因——沒有回應上帝的讀經生活。成因有二，首先，作為一個神學生，讀書自然成了當下的首要任務，教會事奉及組織工作的優次自然放得很低。雖然讀書是一種事奉，但明顯地這不是主動性的事奉，而是身分性的事奉。耶穌對我們生活中作出挑戰，但現在的我以讀書為理由，推卻了不同的突發性事奉，就如「好撒瑪利亞人」中的祭司或利未人，因心裏一些固有的想法，沒有在自己的生活節奏中停下來，回應身邊不同人的需要。另一個成因，也是前者的成因。自2012年9月入學，我減少對社會時事作深入探討，隨之而然也減少接觸不同的觀點及議題，過着安逸的讀書生活。當沒有外間的事情抵觸固有的信仰，我就安於擁抱已有的《聖經》認知，最後很自然就放棄回到《聖經》面前聆聽上帝話語的念頭。當生命停留於滿意的景況，嚴重起來會把自己取代了上帝，輕則也會在讀經時減少聆聽的動力。結果，這半年來，我就帶着空殼閱讀《聖經》，什麼也聽不到，只是讀進了一些文字。

讓《聖經》轉化生命

身分的迷失在於缺乏手持的身分憑據。一個遺失香港身分證的人，難以證明自己是香港人，時間久了，他甚至會懷疑自己是否香港人。作為天國子民也一樣，本人按這次的經歷大膽地説，受洗歸主是一個記號，但是會過去的，不是當下存在或是能當下持有的。若將那停留在歷史的行動作為今天天國子民的憑據，我們當下持有的就如一本過期的護照，持有但失效，不能幫助我們透過檢視過去的信仰，知道自己今天的信仰狀況。天國子民的憑據應該是我們因着《聖經》教導而繼續轉化的生命。這種生命不單是對別人作見證，也是每天讓自己擁有天國子民的憑據。這憑據雖然為我們擁有，卻如身分證一樣，必須為上帝所頒發才有效，所以，由上帝啟示的、超越時代的《聖經》，成為我們擁有天國子民身分憑據的關鍵。

《聖經》是我們每人都能擁有的，也是每個人都能閱讀的，但擁有《聖經》不是我們成為天國子民的憑據，花上時間閱讀的也不就是天國子民。面對天國子民身分的迷失，不是發現問題之所在便算，我相信，我們首先需要等待《聖經》親自對我們說話，然後透過回應上帝的話語與別人相處生活，透過我們的行為找回自己的身分。

不同的人生階段，有不同的身分迷失，在屬靈的路上也一樣，但願今天我們除了仰望上帝的恩典，也遠離讓自己迷失的人為陷阱。躲在防空洞的天國子民不但容易失卻對上帝話語的渴求，不久便失去鹽味，也不能如放在桌子上的燈臺一般照亮別人。記得有人曾問巴特（Karl Barth）如何預備講章，他回答：「我一手拿《聖經》，一手拿報紙。」我相信不單作為傳道者需要這樣的「運用雙手」，作為天國子民的，也應透過報紙的內容，回到《聖經》，謙虛地等待上帝教導自己，甚至影響明日報紙的內容。當然，教導與否的主權在上帝手中，但我們是應該如此期待《聖經》向我們說話。關心社會，不再單單是我們對世界付出時間或心力的行動，更是一個讓我們謙虛地回到上帝面前尋問祂的機會，幫助我們認清自己的確擁有天國子民的身分。■

何志朋

大學時活躍於專上學生福音團契，2008年土木工程系畢業，畢業後於堂會任職青少年福音幹事，有三年牧養經驗，現於神學研究院修讀道學碩士。

作鹽作光作絆腳石

古永信

這年頭，作為一個基督徒，你所受到的非議，或跟一個同志宣布「出櫃」一樣多。「佔據道德高地」的指責，甚至以「耶X」（X當然是鄙言）來統稱我眾主內兄弟姊妹……遇着這些攻擊與指控，大概我們很容易對號入座，覺得自己「為義受逼迫」，卻沒想過自以為在世上作鹽作光之時，原來正在當一塊阻人進天國的絆腳石。

幻想的聖潔生活

作基督徒，行事為人自然以耶穌為榜樣，但實際上我們很多時只是局部活出耶穌的樣式——談起公義，我們只記得耶穌大發義怒，狠狠地把在烏煙瘴氣的聖殿中擺賣的人趕出的那一幕；腦海中亦只想到「光照在黑暗裏，黑暗卻不接受光」（約一5）的金句。所以我們理直氣壯地以為，看到社會上不合

《聖經》教導之事時，毫不妥協指出人家的過錯，就自覺「守住了當守的道」。當今日社會對基督徒，以至基督教的負面印象和批評愈多愈烈時，我們亦自然地以「黑暗果然不接受光」這金句作完美解說，幻想自己活在玉潔冰清的聖潔生活中。

別要學耶穌！

其實耶穌在世短短三年的傳道歲月中，甚少高聲大罵那些「罪人」，反而經常教訓自以為在信仰上很了不起的法利賽人和文士等。當然耶穌不是故意找碴，不過是乘對方「先撩者賤」才信手拈來「寸」上一句。大部分時間，祂都在接觸最為人唾棄的一羣，無論妓女或稅吏，最cheap與最賤的，耶穌都以最平常的態度，將愛與福音跟任何人分享。

教會常叫信徒要學效耶穌，更成為一句人人都講的口號，但這其實極度危險！因為罪人如我們，憑什麼學耶穌呢？我們有耶穌一樣對人的忍耐嗎？我們有耶穌分辨罪惡的智慧嗎？我們有耶穌一樣對別人的愛嗎？結果最後所謂的學效耶穌，很多時都淪為眼高手低的東施效顰——因為我們根本無法一模一樣的學耶穌，自然會退而求其次「學到幾多得幾多」。這種想法其實沒有問題，問題是大部分信徒能學到耶穌哪些特質呢？在云云的「選擇」中，最易學的自然是對罪的批評，原因並非我們心存正義，而是純粹因為批評別人過錯往往最容易……但這樣的學效，不是彰顯主名，而是為主「倒米」而已。

柔和與謙卑

作為「天國的公民」，我們都是主內的「親善大使」；既成為非信徒與基督教的接觸點，所以我們的形象十分重要。回看耶穌的生平，縱然講過很多道理，但「謙卑」二字，卻貫徹他整個人生——選擇在馬槽出世、身為木匠之子的卑微身世、以驢駒進入耶路撒冷，還有為門徒洗腳……在在的例子，都見到縱然耶穌帶着救世的福音來到世界，卻沒有以「大枝嘢」的君王形象示人。那麼我們這些對神國的奧祕一知半解的罪人，又憑什麼自以為站在道德的高地上呢？

當然，我不是說面對俗世洪流，信徒最好連一句提醒話也別說，只管安樂地活在教會的圈子裏；而是希望共勉提醒，神的愛從來不是「舌尖上的道理」，更是生命的實踐。例如近年極受爭議的同性戀問題，我們常說「神愛世人，也愛同志」，但我們有接待過他們嗎？有明白他們的軟弱嗎？還是仍僵持在道德的辯論中，反而忘記了最大的誡命就是愛嗎？

神的道理固然恆久不變，而信仰的實踐卻不得不受時代的影響。怎樣實踐信仰才算合宜？我們對生活、對信仰固然要認真，不能人云亦云，更不要「齋講唔做」，而是要不斷反思與重整，方能成為一個稱職的天國國民。

古永信

筆名「勇先」，醉心研究流行及電視文化，積極投入小說創作和流行文化現象分析，至今出版個人著作共十六本。

翻天覆地的子民
——對國民身分、天國的反思

上官賢恩

按種族來說，我是純正的中國人。我生於菲律賓，因社會的同化而取了菲律賓國籍，但家裏受中國文化的方式培育，又在美式教育系統的學校就讀。我能講英語、國語、福建話、菲律賓語和粵語，又曾學習西班牙文、希伯來文、希臘文、法文和德文，也能唱拉丁文和意大利文的歌曲。

當我到日本旅遊，人們以為我是日本人；當我處身韓國，人們堅持跟我說韓語；在中國購物時，售貨員以為我來自新加坡；與新加坡人在一起時，他們看我是來自美國；在美國就讀研究院時，同學以為我在美國土生土長。當我身處香港，人們就以為我來自加拿大。因此，現在再有人問我從哪裏來時，我只會微笑說：「你猜猜看！」

這些經歷，讓我很能體會《聖經》裏保羅說的話：「向猶太人，我就作猶太人⋯⋯向律法以下的人，我雖不在律法以下，還是作律法以下的人⋯⋯」（〈哥林多前書〉九20）

換句話說，我堪稱為一個世界公民，感受就像一個人身處世界上任何一個大型國際機場般。

可是，對於中國內地的人來說，我不算是完全的中國人；對於道地的菲律賓人，我又不算是菲律賓人。既不屬這裏，又不屬乎那裏！我有好些特質不像中國人，而我的菲律賓朋友和同事亦不會視我為菲律賓人。我不算為中國人的一分子，但菲律賓人也不會完全接納我為他們的kababayan（同胞）。

我們都是移民

當我們認清自己無法感受任何一個國家為家的時候，反而有助我們不過分地依附任何地方。公民身分好像合法的地位或一紙法律文件，列明我們目前定居之處。儘管我在菲律賓出生，拿菲律賓護照，當我在博士班考第一時，大學的職員還是要召見我，查明我是否菲律賓公民。否則，他們會將那個最高榮譽獎項學生代表的位置給予另一名榮譽畢業生。我想，不論在世界任何地方，人們總會因為種族而經歷或多或少的歧視。我也學習到，我們身上所流的血，影響着別人如何看待我們。

我們通常稱自己為菲律賓華人（Filipino-Chinese），強調華人的身分，但現在轉稱華裔菲律賓人（Chinese-Filipino，簡稱為菲華Chinoy），中國人的身分用形容詞表達，「菲律賓人」則是名詞。在英文的用法，「華裔」（Chinese）和「菲律賓人」（Filipino）兩字之間用連字號連在一起。但是，我們可以很容易在橋的這一邊走到另一邊。我們適應和生存，而且，我們也欣賞不同文化中的獨特之處。

1930年，我的父親從福建福州移民到菲律賓，那時他只有十七歲。母親自幼在菲律賓長大，她的父母也是從福建泉州來的。近年，菲律賓充斥着來自中國內地和韓國的新移民。菲律賓似乎很歡迎新移民來到，因為他們組織自己的社羣，又辦學校、開餐館、雜貨店，創造商機。一般來說，發展中的國家比較接納移民。

在相對富裕的地方，如北美、西歐和香港，情況就不一樣。縱然這些地方的公民或永久居民，昔日也是移民，於不同時期來定居。可是，他們似乎忘記了早年移民的身分，輕視比自己晚來的移民；而政府歡迎的也只是富有人家和精英專才，將貧弱者拒諸門外。

追逐綠卡

像許多平凡人一樣，基督徒為積聚地上的財寶而疲於奔命，不論那是銀行戶口裏的豐盈財富，抑或是美國的綠卡（或澳洲的永久居民地位，或星加坡的公民身分）。

申請移民時，很多人不敢脱離自己的祖國，如當地政府要求「固定居留」，他們又不願意在異地長期定居。他們會找尋法律漏洞，或者索性做「太空人」，穿梭不同的地方。

最後，收到綠卡，移民百感交雜。年老的一輩沒有選擇，只能離開家庭，到異地札根。他們本想找個家，反而成了囚奴。在大城市，流動是一個問題，於是，他們漸漸聚居於唐人街，不敢離開自己的族羣，也沒有動力學習英語，不敢踏出去與其他人交往。

很多商人花了幾年得到美國公民身分後，決定返回祖國。他們沒有告別自己的生意、朋友或生活習慣。他們的孩子回到祖國時，感覺陌生，受着身分認同危機的折磨。他們為了得到一個公民身分，卻付上沉重的代價！

這世界非我家

「我們卻是天上的國民……」（〈腓立比書〉三 20）

天上的國！我們什麼時候最常聽見這個字詞？有人離世時，我們隨便搬出這個答案應付小孩子，順便安慰自己。我們説死去的人已經在一個更美的地方。但我們是否真的認為天上的國是更美的地方？

還是小孩時，我們會唱這首歌，縱然當時未能明白歌詞：

這世界非我家，
我無一定住處，
我積財寶在天，
時刻仰望我主；
天門為我大開，
天使呼召迎迓，
故我不再貪愛
這世界為我家。

（《青年聖歌綜合本（一）》第24首）

長大成人，成為基督徒之後，我們唱到這首詩歌，也許對歌詞理解多了，卻未必真心相信箇中信息。因為「天上的國」一詞，在喪禮過後幾天就會消失，人們如常生活，生活方式反映他們一直相信什麼，習慣什麼。

有時我會想，既然我們是天國的公民，將來到了天國時，我們會有回家那種安然、舒適的感覺嗎？抑或，我們會不習慣天國的文化，好像華人要將自己孤立在唐人街一樣？如果天國與現世如此截然不同，為什麼基督徒的生活方式與非信徒看來沒兩樣？

〈以弗所書〉二章十九節說：「這樣，你們不再作外人和客旅，是與聖徒同國，是神家裏的人了。」可是，我們竟然在世上更有在家的感覺，而把天國當成是一套異國的文化。

天國國民身分，世界的思維

〈歌羅西書〉三章二節教導我們：「思念上面的事，不要思念地上的事。」但是，基督徒有時以為天國是空中樓閣，又覺得：「到我們老了或是病重的時候，才再想天國吧。」似乎，我們對天國國民身分的看重，遠不及對綠卡或永久居民身分證的重視。基督徒似乎想「一腳踏兩船」（同時兼顧地上與天上的事）。

《南華早報》在2013年4月14日的「中國內地移民正在改變溫哥華」的報道中，提到列治文（Richmond）是在亞洲以外，惟一一個以中國人為主要人口的城市。大批中國內地的移民推高了房地產價格，影響比這幾年來的香港移民更甚。可是，從內地和香港來的中國人，有個有趣的差別，香港居民，可以擁有雙重的公民身分，所以他們踴躍申請成為加拿大的公民。另一方面，因為中國內地不容許雙重公民身分，從內地來的移民緊抓着他們的中國公民身分，不願為加拿大籍而放棄他們原本的身分。

也許，這件事能反映基督徒如何看待天國和地上的國民身分的態度。我們不願意履行〈歌羅西書〉三章的教導：「治死你們在地上的肢體」（按英文譯：治死任何屬於地上的東西），「披戴」耶穌基督的特質。如果我們成為天國國民時，可以照樣保留這世界的心思，那麼我們就會緊抓着雙重的公民身分——屬靈和屬肉體的。我們不願意決定最終效忠哪一個身分。

結果如何？我們的價值觀與未信者是如此相似。我們對生命的目標與滿腦世俗思維的人沒兩樣。天國可以等待呀！基督教只是為未來預留天國的位置。

縱使我們心底知道自己是天國國民，但生活上卻無法反映這身分。思想也不像天國國民，我們沒有為這身分欣喜若狂！

回轉！

我們大大低估了天國國民身分的價值，竟為一碗紅豆湯，交換了與生俱來的權利。這樣是不是好像世界所有物件的價錢牌，一夜之間被改掉了？事實上，世界已經被顛倒了。如卻斯特頓（G. K. Chesterton）談及聖方濟的著作所言，如果大樹和高樓都是上下顛倒地吊着，要看清楚它們的惟一方法，是用上下顛倒的眼光，好像使徒彼得被倒釘十字架那樣。

史上最具顛覆性，又最偉大的一篇講道，莫過於耶穌基督的「登山寶訓」。這篇講道不單單是理想主義，我們也不應墮進律法主義以為自己可以靠行為得着救恩，這篇講道宣告「日期滿了，天國近了」。因着神的恩典，我們可以「像基督」。

在「八福」的一連串信息裏，溫哥華第一浸信會（First Baptist Church in Vancouver）主任牧師達雷爾．約翰森（Johnson）形容天國子民為「同步中人」，是蒙福的（見http://firstbc.tumblr.com/，2010 年 1 月）。「蒙福」（希臘文為Makarios）不是指我們日常所說的「快樂」，不是主觀、稍縱即逝的感覺，而是客觀的處境。「蒙福」不是關乎我們對自己景況的評價，而是神如何評價所有人。而祂說：「恭喜！」「通過檢驗了！」這些評價，神對誰說呢？就是那些貧窮的，蒙神憐憫的人，就是對進天國一無所憑人。

可是，「天國是他們的」。「登山寶訓」呼召我們回轉，這篇講章的對象不是心裏昏昧的人，而是願意徹徹底底活出這些話語，將世界翻轉的天國國民。這是可能的，而這就是好信息！

天國正在介入人類歷史，如約翰森所描述：「歷史已經到了危機關頭。新世界的秩序正在介入……」我們被呼召去悔改，心意更新，回轉。如果基督徒認真看待「登山寶訓」，神聖的改革將會出現！

上官賢恩

菲律賓大學教育心理學系副教授，心理學家，日報專欄作家。多年主講親子、學習、處理工作壓力、心理健康等主題講座，並參與神學教育及教會事奉。

回轉，成為天國子民

梁柏堅

數年前的某天，跟神學院的老師閒聊，談到教會圈子中不少習以為常卻未經深思的說話；其中一句，是基督徒決志信耶穌時所說的話：「接納耶穌基督為我個人的救主」。

個人？這句說話本來指，耶穌基督不是一個遙遠的上帝，不是空洞的神學哲學概念，而是和我們每個人生命相關相連的主（personal God）。然而，我們的解讀，卻往往把耶穌當作只屬我這一個人、私人（individual and private）的救星。因為起點偏差了，加上缺乏以《聖經》研習來修正信仰理解的練習和習慣——或只是用《聖經》來指斥他人——任由約定俗成的教會文化，把基督教信仰塑造成道聽塗說的民間宗教，引申出來的信仰就愈走愈偏，愈走愈離開天國的宏觀視野。

對上帝的啟示如此輕忽，天國的信仰如何能不萎縮？

天國不成天國的話，王就不是王，主就不是主。無王管，人人就自立為王，於是我們把個人夢想美其名為天國異象，穿鑿附會地說成是上帝的心意、為主做大事，自我陶醉於教會四面牆內的掌聲和喝采之中。

然而，在基督教圈子闖蕩了差不多二十年，見識的人多了，發現那些片面解釋《聖經》、隨意抽幾句經文出來作為人生座右銘、斷章取義地在文章硬插一句《聖經》來「加強」屬靈說服力的人，實在不計其數。

一個人，到底是混在宗教圈子中的偽善者，抑或是真心為上帝押上生命的天國子民，在表面和平的日子是看不出的——從耶穌不斷在文士和法利賽人的圈子中，抽出假冒為善的人，可見耶穌對此有多看重。

今天基督徒傳的福音，往往是廉價的福音，是求自身安樂的福音，是保佑闔家平安的神龕；講上帝，卻是自己空想出來的，失去《聖經》中那為貧苦受屈者申冤的上帝身影；講耶穌，卻是用來扮型扮乖博好感的手段。這些信仰，不是我從《聖經》中讀到的天國信仰。

不明白天國嗎？不要緊，不要虛偽，不要不懂裝懂就是了。回轉，像小孩；清心無偽，不撈宗教圈子的油水，這樣，天國就很近了。

耶穌是主

有一次，在某個公開的分享會中，我在屏幕上展示了一幅在街上拍下的相片，正中央是某間教會的戶外巨形廣告，寫着「耶穌是主」四個大字。我問，知不知「主」是什麼意思？「耶穌是主」是什麼意思？由此我提到福音信仰的政治意涵——主，只有一位，所要求的是我們的效忠；所以，如果耶穌是主的話，共產黨就不是主，李嘉誠也不是主。

不是說信仰等同政治，我是說，當上帝以天國之主的身分來要求我們效忠的話，天國就是我們所有人生決定的終極依歸。或許我們會有不夠堅定、軟弱的時刻，不要緊，鑑察人心的主，有憐憫有恩惠，當我們放棄偽裝，就是回轉。

在宗教圈子待得愈久，愈是熟悉教會文化的運作，愈難逃避偽裝的誘惑。而信仰，是要仔細地嚐，才嚐得出分別，就像鹽的味道，有味無味，總要放進口裏細嚐。天國子民的身分，也不容易從外表分辨出來。大鑼大鼓把耶穌基督掛在嘴邊的，不一定在說天國的道理；口裏即使有上帝有耶穌有福音，卻往往徒具其形。今天，當形象工程已發展成為專業，基督徒身分也可以成為加分項目，在人羣中默默作工的，反而更能顯出天國子民的無私。

天國信仰是要行出來的。當我們只着眼於facebook的讚好、分享和留言，以為花光心思來「為主呃like」就是盡了天國子民的義務，〈雅各書〉那句「信心沒有行為也是死的」（二26），正好是一記當頭棒喝——始終，在媒體資訊過盛的今天，光說不做，是沒有什麼說服力的啊。

記得前幾天和媒體製作的同工開會時，我說了一句這樣的話：「到底我們是要製作一些媒體資訊來給人讀完消費完就算，抑或我們有更重要的使命要做？」前者只在乎銷售數字，只在乎讀者人數，只在乎坊間名聲；後者則是在問我們到底攪動了多少人心，燃點了幾許光明盼望，推動了多少人嘗試多走一步。

是的，嘮嘮叨叨的說了一大篇，其實主要是想提醒自己，在這塵世中，不要忘記天國的召命，不要撈教會圈子的油水，不要忘記自己效忠的王是誰，不要忘記天國子民不能只說不做。

是的，我主，僅此而已。

梁柏堅

《突破書誌Breakazine!》總編輯，blogger。入行做編輯時，仍是用 rubber cement 貼稿的年代。歷任書籍編輯、網站監製、雜誌編輯等職務。愛看書，愛攝影，愛動漫。

移民天國申請須知

馮志康

親愛的天國移民申請人：

由於最近收到不少申請移民天國的查詢，包括閣下在內，所以特此回覆，希望幫助閣下清晰了解和作好準備。

首先，在天國移民手冊〈馬太福音〉十一章十二節中提到：「天國是努力進入的，努力的人就得着了。」這裏很清楚告訴大家，進入天國是要努力的。我們知道就着這章節，不同人有不同的理解，甚至為此起爭論，但以另一角度來演繹時，大家基本上是認同的，就是懶惰的人，抱着不勞而獲心態的人不能進天國。

你可能會感到疑惑，因為很多移民顧問公司會告訴你，進入天國是惟獨恩典的，沒有人能靠自己的努力進去。

天國近了，你們當悔改

請看手冊的另一章節，〈馬太福音〉四章十七節：「從那時候，耶穌就傳起道來，說：『天國近了，你們應當悔改！』」這是耶穌開始傳道的第一句話，所以是相當重要和有指導性的。天國近了，就在面前，觸手可及，但要進去，就當悔改，所以悔改在移民天國申請和審批過程中是極其重要的。

什麼是悔改呢？不同的移民顧問也有不同的定義和演繹，但對於「要遠離罪惡，歸向基督」，大家還是有相當程度的共識。

那麼，努力進入跟悔改或遠離罪惡歸向基督有何關係呢？

請看天國移民手冊〈希伯來書〉十二章四節：「你們與罪惡相爭，還沒有抵擋到流血的地步。」這裏很清楚地指出，對付罪惡，需要到流血的地步。希望這可以作為你的參考，以此檢視你對付罪所作的努力，是否合符天國移民審批的標準。

為了讓你更了解審批的準則，想在此一提，最近收到不少天國移民申請書，在履歷一欄，很多人都填上在教會的事奉崗位、唸過的神學課程、讀過的神學著作、短宣次數、長宣年日、領人歸主人數，甚至講道次數等。在這方面，不少申請者確實是相當努力的；但與此同時，眾多申請者中卻鮮有提及如何努力對付驕傲、詭詐、貪婪、爭競、嫉妒、姦淫等罪(可參考手冊〈馬可福音〉七 21-22、〈羅馬書〉一 29-32)。我們發現，太多申請者弄錯了努力的方向，這是相當危險的事情！

耶穌是看內心

為何會有這麼多人弄錯努力的方向？有兩個原因：第一是他們認為天國跟眼前的世界一樣，沒有免費午餐，總要做點事情來換取天國的入場券，這是對恩典的另一種錯誤理解，又或根本完全不明白什麼是恩典。而第二個原因則是覺得只要多提及這些宗教行為上的成績，就能將鮮為人知的罪遮蓋。

在此得提醒你，天國的國王是不打盹的，監察一切，祂知道你在明處暗處所作的一切事，而祂在移民手冊〈撒母耳記上〉十六章七節已註明：「耶和華不像人看人：人是看外貌，耶和華是看內心。」我們的國王在審批申請時，是看人內心的。請你在填寫履歷時留意，一切擬以外在宗教行為遮掩內裏罪行的，都只是自欺而已。

事實上在我們的申請者中，有不少是信徒領袖，在履歷中填寫了不少對教會的貢獻，還附上不少精彩講章和著作。但根據天使的回報和紀錄，在人看不到的暗處，他卻陷於婚外情、過度消費、賭博等行為，由始至終沒有真正悔改。雖然最終審批權在我們的國王手上，但以我的經驗，這類申請一般只能放在後補名單。

或許你會像門徒一樣問：這樣，誰能進天國呢？

赦罪之恩

在此以一個成功獲批天國子民身分的例子作說明。個案的申請者是一位牧者，在履歷中提到自己是何等的虛偽，每星期在教會講台上講道，義正詞嚴，但回到家卻無法自控地瀏覽色情網頁，在牧會十年後的一天，他無法忍受聖靈在內心的責備和勸戒，在講台上承認己罪……

這份申請書是濕的，充滿了悔改的淚水，但這不單沒有把申請書弄糟，晶瑩的淚水反吸引了國王的注意；國王看這申請書時也滴下了憐憫的淚，國王對罪雖毫不容忍，但對人在罪中的掙扎卻是充滿憐恤的。所以申請很快就獲處理，天國國民身分證很快就批出了。

天國移民手冊〈約翰福音〉十四章六節提到耶穌說：「我就是道路、真理、生命；若不藉着我，沒有人能到父那裏去。」天國是努力進入的，只是沒有耶穌基督救贖的恩典，無論人如何努力也無法令罪得赦免，而得以進入天國，所以完全是恩典。

但若以為一切皆是恩典，不認真地對付自己生命中的罪，沒有真正的悔改，那只是將基督為人的罪受死這件事變成廉價的恩典；部分人更以為努力做些外表好看的宗教行為，就能進入天國，對於這類申請，我們一般都不受理。

如果你感到移民天國的要求定得太高的話，我想以移民手冊中〈路加福音〉五章三十一至三十二節：「耶穌對他們說：『無病的人用不着醫生，有病的人才用得着。我來本不是召義人悔改，乃是召罪人悔改。』」再解釋清楚天國並不要求移民申請者是無罪的聖人，而是要求願意誠誠實實面對自己的罪，願意真正悔改的罪人。

希望以上的解釋對你提出申請時能有所幫助，祝你早日取得天國子民的身分！■

天國移民局局長

馮志康

曾當報章記者，後轉職突破機構影音工作，現於國內一所殘障孤兒村服事。

讓我們拉筋
——扶手電梯與我的膝蓋

胡燕青

數十年前，香港只有一道扶手電梯。要一試不用腿來走的樓梯，只有到中環萬宜大廈走一趟。那時候，小朋友都很想去「搭電梯」，而父母有時也真的會把那個當作免費景點，帶孩子們去開眼界。

扶手電梯開始增加的日子，很多人都不懂得怎樣踏出第一步，老是站不穩。然後，商場的行列日漸壯大，地鐵（老一輩香港人都說「地鐵」和「火車」，不叫「港鐵」）也出現了，扶手電梯比比皆是，大家就習慣了。我們竟然可以從上環走走停停地靠着扶手電梯步行到堅道——妙想天開嗎？天似乎真的要開了。

從巴別塔到通靈塔

說到「妙想天開」，我無法不聯結到舊約《聖經》裏面記載的巴別塔。〈創世記〉第十一章說當時天下人的言語只有一種。他們在示拿地(在幼發拉底河和底格里斯河之間，即今天的伊拉克)發現一片平原，就定居於此。他們燒磚為石，又拿石漆當灰泥，要建造一座城和一座塔，希望塔頂高聳入雲，為的是要「傳揚自己的名」，免得「分散」。上帝看見了，就說：他們既然要做此事，以後還有什麼做不出來？於是變亂了他們的口音、使他們言語不通。他們就從那裏停工、「分散」了(創十一 1-9)。我雖然是基督徒，但最初讀到這段經文，仍不免困惑。為甚麼上帝不讓人類造塔？哪有什麼大不了？原來〈創世記〉一開始，上帝就吩咐人類要生養眾多、要遍滿全地；造塔所象徵的內聚排他種族主義明顯違反上帝的命令。但變亂口音，不免有點搞笑，我們可以想像當時人人正在「地盤」開工，突然嘰哩咕嚕，像香港人到了非洲小村子一樣——這不是很狼狽嗎？

後來我又從其他文獻讀到當時巴別塔的大略模樣。它很可能正是我們現代仍看得到的「通靈塔」(Ziggurats)：底部是方形的，建造時一層一層地加高，靠長長的梯子連接。塔頂是祭壇，極可能是用來拜祭日月的。苟真如此，上帝的不悅就可以想像了。但祂的「審判」(懲罰) 用力甚輕，只不過變亂口音嘛。這不但幽默，也是用心良苦的：因為人類從此就分居各地，遍及全個地球，不同的邦國文化也由此而產生。

《小巴別塔》，現存於鹿特丹伯寧根伊曼斯博物館。

本來在説扶手電梯，為何談到通靈塔？因為這些高塔乃當時各大城市的核心，是用來拜祭當地神祇的，因此它們既高且闊。除了避震和避水，還有一個目的——這樣高大的塔，繞行一遍已經不容易，當時的當權者是這麼想的：人來祭祀神明，須要攀上很長的梯子，走得氣吁吁的，才能顯出其虔誠。從16世紀畫家所畫的巴別塔，繞塔而上的走道長得可怕。上圖就是畫家老彼得·布勒哲爾（1525－1569）筆下的《小巴別塔》。

這幅畫要細心看：那條螺旋形的環塔通道，乃名副其實的「大馬路」，上面走着很多人和馬匹呢。圖畫頂部，也就是塔的最上方，建築工程仍在進行，可見當時的人實在有破雲通天的野心。此時此地，閃亮亮的香港難道不也一樣嗎？

今天的拜物教

今天還有巴別塔嗎？當然有。但它已經化身成大大小小的商場，裏面的梯子都通電了，你要在那裏膜拜什麼名牌，什麼金錢化身的所謂品味，已經不必走什麼路，只須遊目四顧，就必看見讓人肅然起敬的層層「聖物」。不過，如果你趕着要到塔頂的餐廳與朋友吃個飯，對不起，你還是得用幾分鐘迂迴曲折地往上爬，因為大堂正中的扶手電梯已經蔓生為糾纏不清的熱帶雨林，你不得不依照它們安排的路線多轉幾圈，否則必定迷路橫死。「路上」，你「不能不」看見了那法國皮包公司，那日本化妝品旗艦店，那標榜設計的首飾專櫃，還有那專門賣瑞士名表的玻璃櫥窗……不信嗎？找個商場來觀察一下，看看直通多層的升降機顯眼、還是曲折離奇的扶手電梯顯眼吧。你毫無選擇就成了虔誠的「朝聖」者，因為你已經在消費主義的普世信仰中沉浸多年，未爬到塔頂已經屈膝了。

人既然得靠扶手電梯更上層樓，繞來繞去地爬，「被迫路過」給端到眼底鼻尖來的昂貴物品，他的慾望可以完全不受撩撥嗎？人最難以抵擋的三大引誘，乃「肉體的情慾」、「眼目的情慾」和「今生的驕傲」（〈約翰一書〉二16），大型商場對準這三個大弱點，放出從不虛發的毒箭。大商場所售，無不用來滿足這三個心魔。商場中名店獨大，舉凡大商場都一式一樣，是因為小商戶無法負擔天價租金。如果說小商戶提供的是基本生活所需，那名店呢？它們正是讓我們滿足肉體貪婪、眼目虛榮和個人驕傲的物質神荼。地產霸權，就是拜物教內權力最大的巫師。人人討厭他，星期日有時還會舉個牌子參加遊行反對他，卻好像一直無法逃脫他無遠弗屆的巨大陰影。自從來了一批講普通話的新信徒，我們更不自覺地咬牙切齒，因為他照顧他們去了。

即使我們本來並不貧乏，物質信仰，仍漸漸使我們的日子只有金錢而沒有財富，只有潮流而沒有美感，只有玩具而沒有遊戲，只有美食而沒有營養，只有減肥而沒有肌腱，只有空調而沒有季節，只有性事而沒有愛情，只有工作而沒有事業。而這種種「誤會」，竟然主宰着全球的教育方向和人生追求。幾乎全球的老爸老媽都說：讀金融商管醫學法律吧，這最能賺錢，這最能給我們面子。

但是話得說回來：千萬不要怪罪於扶手電梯。扶手電梯本身並不邪惡。邪惡的是把扶手電梯捏弄扭曲、使其變成拜物教通靈塔的「蛇餅」那份機心。不過，經過多年頑抗，我終於想到了一個運用扶手電梯的妙法——

我牢牢抓住扶手，看着前方行人的背影，儘量心不旁騖；且把兩腿踩在一個梯級之上，左右輪流「拉筋」，用力把腿伸直。注意力一旦集中到不肯彎曲的腿關節上，我就能經歷那微小的「痛」，我就能忘記眾多名店海妖所唱的艷歌，我就能站得更直。一旦如此，我們就不用再向物質偶像屈膝下跪了。

胡燕青

現職香港浸會大學語文中心副教授，曾獲香港中文文學創作獎、中文文學雙年獎、基督教湯清文藝獎。2003年獲香港藝術發展局頒發之「藝術成就獎」（文學藝術）。

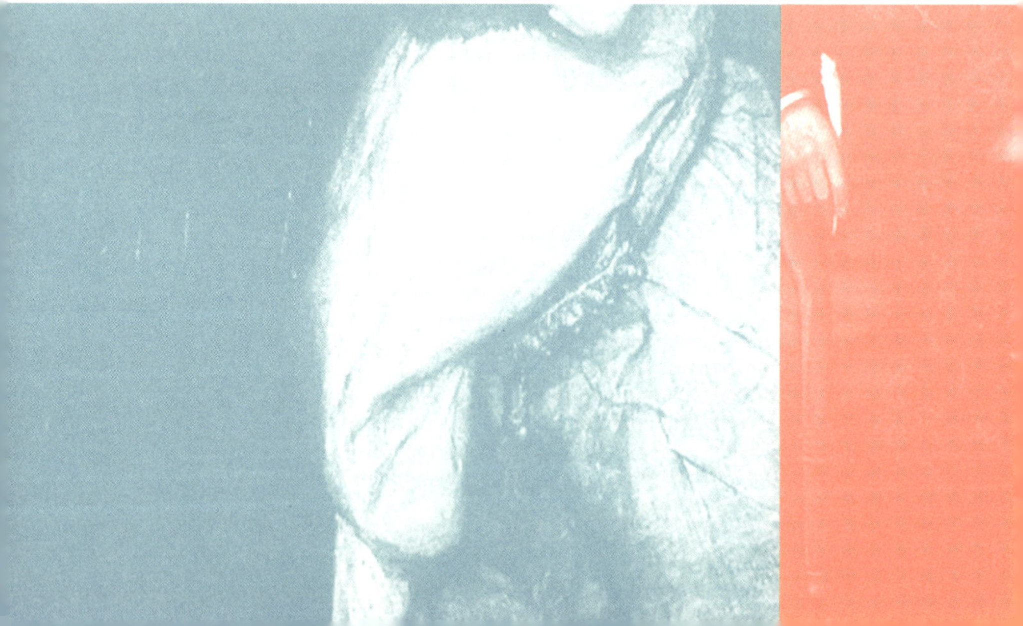

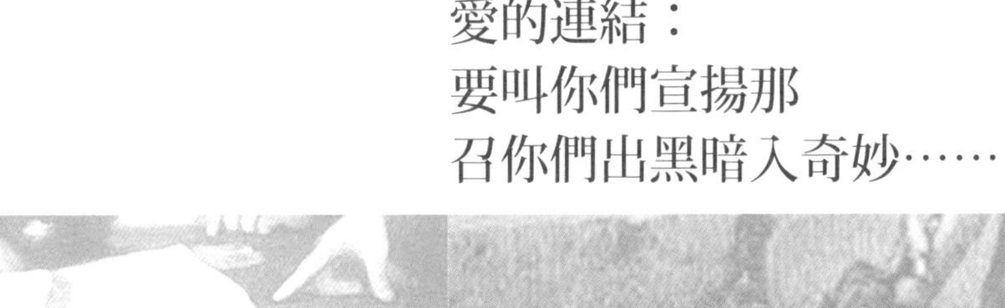

愛的連結：
要叫你們宣揚那
召你們出黑暗入奇妙……

16世紀

The most excellent
Historie of the Merchant
of Venice.

VVith the extreame crueltie of Shylocke the Iewe
towards the sayd Merchant, in cutting a iust pound
of his flesh: and the obtayning of Portia
by the choyse of three
chests.

*As it hath beene diuers times acted by the Lord
Chamberlaine his Seruants.*

Written by William Shakespeare.

AT LONDON,
Printed by *I. R.* for Thomas Heyes,
and are to be sold in Paules Church-yard, at the
signe of the Greene Dragon.
1600.

威尼斯商人

在莎士比亞（William Shakespeare）的《威尼斯商人》（*The Merchant of Venice*）裏，夏洛克是個猶太人，以放高利貸為業，在劇中被刻畫成刻薄的反派角色。可是，他也深受社會的反猶太主義折磨，發表一段肺腑之言：「難道猶太人沒有五官四肢、沒有知覺、沒有感情、沒有血氣嗎？……那麼要是你們欺侮了我們，我們難道不會復仇嗎？要是在別的地方我們都跟你們一樣，那麼在這一點上也是彼此相同的。」劇作充分反映早期歐洲猶太人與基督徒之間的衝突和矛盾。

林肯宣讀解放黑奴宣言

法蘭西斯・卡本特（Francis Carpenter）的畫作《在內閣前首次宣讀解放宣言》（The first reading of the Emancipation Proclamation before the cabinet），繪出林肯（Abraham Lincoln）總統在內閣成員面前宣讀《解放黑奴宣言》的情況。林肯，第16任美國總統，於任內平定南北戰爭，亦廢除了奴隸制度，肯定《獨立宣言》中「人生而平等」的原則。1965年，他被奴隸制度支持者約翰・布思（John Booth）刺殺。

19世紀

19世紀

孤星淚

雨果（Victor Hugo）的《孤星淚》（*Les Misérables*）背景是法國大革命時期，當時社會動蕩，經濟蕭條。警官Javert堅守法律，一生以追捕犯盜竊的Jean Valjean為己任。Valjean離開監獄以後，遇上主教，生命得以改變。後來，他憑着努力成為市長，幫助低下階層，如替妓女Fantine照顧她的孤女Cosette，亦至曾於革命軍的手上救了宿敵Javert。Javert感到Valjean的改變，選擇放過他，自己卻無法從法律與公義之間取捨，最後投河自盡。

禁奴法案與威伯福斯

因為有林肯倡議解放黑奴，引致美國爆發有史以來最慘烈的內戰，於是廢除奴隸制度的巨軸上，林肯金光閃閃坐在正中央，真正的功臣威伯福斯（William Wilberforce，1759-1833）反而被畫在背景上，稍不留心，會忽視他的存在。不過，威伯福斯的抗爭運動，比林肯早了超過六十年，而更重要的，是奴隸制塑造了威伯福斯的堅強意志，終生為一個信念所驅策。他的靈魂會為奴隸所受的逼害而苦悶，又為奴隸最終被釋放而大大喜樂。一次，他被安排祕密參觀一艘運載奴隸船，船艙臭氣薰天，環境惡劣，到處殘留奴隸被虐待的可怕痕迹，威伯福斯走上船頭，大聲說：「我要你們記住這個味道……記住馬達加斯卡號……記住！上帝造人，生而平等。」

威伯福斯二十年漫長推動「反奴隸法案」，可以用《奇異恩典》一曲做線性推進。由於出生良好，威伯福斯21歲已成為英國下議院議員，他愛好長跑，與後來成為多屆首相的小威廉．皮特結成莫逆。可以想像，年輕的威伯福斯如何信心滿滿，躊躇滿志地預備為主大發熱心。一次，他在議會休息室與政敵玩橋牌，當政敵對他精湛的牌藝嘖嘖稱奇時，威伯福斯突然推開牌局，在眾人面前高歌《奇異恩典》，讓人目瞪口呆。詩歌的作者約翰牛頓，原來是運送奴隸船的船長，驚覺自己罪大惡極之後，改邪歸正。《奇異恩典》無疑在當時的政局，有其象徵意義——要人直面人生的迷失，回應平等、公義的呼喚。法案改革的戰幔被拉開，但威伯福斯沒有像預期的獲勝，反而是連番的挫敗，上帝好像要他親自品嚐失敗的滋味：1791年，議案88票對163票不獲通過；1792年，85票對230票；1793年的一次最慘澹，威伯福斯只得到18張支持票。到了1796年，法案以70票比74票飲恨之後，威伯福斯大病了一場，他心魂交煎，快要向魔鬼求饒了。

幸好他想起《奇異恩典》，他去拜訪在修道院潛心服役的約翰牛頓，約翰跟他說：「你有使命要去實現。」此時，首相皮特已奄奄在牀，上帝另外派了一位政治高手來協助他：史蒂芬深諳國際海權法。史蒂芬認為，法案所以遇到重重阻力，因為直接觸及許多議員和富豪的利益。一旦利益衝突的意識被解除，問題便迎刃而解。此外，他提議下一次最好不要由威伯福斯提出議案，他樹敵太多。於是，一個不為人注意的「禁止懸掛中立國旗法案」，由一位不起眼的議員提出，法案雖小，含義卻是不允許船隻用作販賣人口的工具！法案輕易通過，威伯福斯贏得議會生涯第一場勝仗！

政治權力要重新布局，議會遊戲重新洗牌，法例通過，提案者已找到勝利的竅門。威伯福斯走到奄奄一息的皮特牀前報喜，他對好朋友說：「我好羨慕你的信仰。」威伯福斯第三度拜訪約翰牛頓。他也垂垂老矣，正在撰寫回憶錄，他甚至認不出眼前人，不過他的回憶錄清楚記下，他要求威伯福斯盡他所能完成法案。1807年，「外國奴隸法案」以41票對20票在上議院通過後，又以283票對20票在下議院大勝，為威伯福斯二十年的努力畫上完美句號。以後的日子，威伯福斯並沒有停下來，而是周遊列國，成立相關組織和推動盟國的反奴條例。

反對黨對威伯福斯的評價應該是最中肯的，派克拉倫斯議員說：「我欽佩他有高貴的靈魂，卻甘願為低賤的種族奮鬥不懈。」不過，作為天國國民的一分子，我們不應嚮往擁有「高貴靈魂」，卻要冀盼種族沒有高低之分的一天。

天國國民　地上精英

馮煒文

每個世代都要在自己的實況內讀經，在自己的世代作基督徒。彼前二章形容基督徒為「天國國民」。我在上世紀60年代開始作基督徒，醒覺的日子在香港大學，這段經文也是我和校園 Christian Association 的弟兄姊妹之所愛。幾十年後的今日，反思這段旅程，可算清楚的，是信徒今日要處理的問題，也許不是「我們天國國民身分當如何影響這城市？」而是「這城市當如何影響我們天國國民的身分？」這一篇文字，是自省；對今日一代的信徒，是報告，肯定不是教誨；對神，是認信，是仰望。

60年代的彼前二章

對上世紀60年代香港大學的基督徒來說，彼前二章有關信徒羣體的描述，是憧憬，也有相當事實。在工學院 Peel Lab 的 Friday Meeting，過百大學生每週聚集，一同祈禱，一同學習。

每年的Christmas Hymn Service，在大會堂向全港市民唱頌基督的來臨。穿着令人羨慕的港大 blazer，我們多聲部的音和，活潑地唱出屬主的喜樂。夏令會嚴肅的宣教研討及呼召，催動我們放眼世界，以海外宣教為己任。「要收的莊稼多，作工的人少。」畢業後各散東西，共聚於薄扶林校園不過三四年，但四十多年後，重聚長洲酒店，鬢雖白光芒仍在，一見如故，訴說大半生上主的恩惠。主內情懷仍是那麼親切真實。

被揀選的族類，是君尊的祭司，聖潔的國度，屬神的子民。

在那些美好年間，我們演繹這段經文的鑰匙是舊約兩位青年人物。他們的道路是我們的道路；跟着而行，便是忠於被揀選，獲君尊，行出聖潔屬神的召命。他們是約瑟和但以理。

約瑟「秀雅俊美」，「有聰明有智慧」，有道德能耐和意志，成功抗拒主人妻子的性引誘。最後他得到法老信任，賦與「治理埃及全地」的高位。「耶和華使他所作的盡都順利。」

但以理同樣是「相貌俊美，通達各樣學問，知識聰明俱備，得以在巴比倫王前侍立。」他服務外邦王朝，也忠於耶和華，拒絕在信仰上在道德上妥協，不容自己被異教食物玷污。他與他的朋友因此而被拋進火坑及獅子坑。但神拯救但以理，使他立功巴比倫，並賜他高位。

回望當年，約瑟但以理與60年代的港大基督徒，是多麼的類同，多麼的合拍。地上的精英，通過信仰及道德的磨練，爭取外族權貴的信任，更被耶和華認同為神國的精英，得到人神的喜悅。天國國民，社會精英，道德精英，原來竟是那麼吻合。這是上世紀60年代的情況。這一代的精英，絕大多數已經移民北美，像約瑟、但以理一樣。但無論在哪裏，包括在香港的一羣，我們在所居的地方，大致上都能處處佔有高位，在專業界、學術界、公務界、教會，榮神益人。雖不至約瑟、但以理「一人之下，萬人之上」的水平，但這一代的價值觀、世界觀、行事為人的取態，的確有分模造21世紀的香港，包括今日的香港教會。我們在60至70年代讀的約瑟但以理劇本，與社會建制當時的《獅子山下》劇本，互相輝映，相得益彰。主流教會，主流社會，你中有我，我中有你。問題是，今日香港教會仍然照着這劇本過安樂日子，今日香港權貴仍津津有味地高唱黃霑的《獅子山下》，然而在社會大眾中，卻靜靜地起了驚心動魄的變化。

初期教會的彼前二章

初期教會讀彼前二章和它的舊約出處——〈出埃及記〉十九章及〈何西亞書〉二章，也同樣看出其「精英」成分。天國的子民是被揀選的，有君尊，有聖潔。當時基督徒的召命，也有濃厚的精英成分；不是作當時社會的精英，不是能與權貴接軌的精英，乃是在極度放縱情慾的社會，視節制為弱者所為的主流文化中，活出以和平、平等、尊重、儉樸、互愛為重的小眾社羣。在羅馬帝國，天國國民被召過道德精英的生活，但不是在社會高處運作。他們處身社會邊緣，以此為樂為榮。在這些基本上，初期教會有共識。

缺乏共識的是有關「身分」這個切身問題。怎樣作天國國民，引出極激烈的爭議。

有信主的猶太人，有外邦人信徒，他們一向依靠的猶太人身分或猶太教皈依者身分變得愈來愈薄弱。在法律上、在社羣關係方面，產生不少困難及尷尬。基督徒的身分，當如何陳述，爭議涉及信仰的基本：怎樣才可以得着救恩？涉及宗教生活：在哪裏敬拜？聖殿抑或會堂？誰是教會領導？是否那些學像耶穌的第一代信徒，那些巡迴智者？或是當時迅速在各地湧現的地方教會信徒？婦女可否講道？此外，也涉及信徒的日常交往：猶太及外邦信徒如何共處？

多元化的教會，個人身分認同的爭議，直接影響了教會對權貴、對政治勢力的態度。聖殿被羅馬軍隊毀滅，對猶太信徒，是觸及心靈的深痛。在教會以外的各宗各族人等，誰是我們的鄰舍？誰是俗類？誰屬不潔？耶穌給予教會天國的鑰匙，是用來把門關上，把俗人罪人拒於門外，還是用來開啟大門，人人皆可進入？

爭議很大，但有一樣共識是肯定的：活在羅馬帝國，天國國民是道德精英，不是社會精英。不是主流社會，不是建制的維護者，不期望進入建制，也不會依附權勢來得點好處。教會處身社會邊緣，以此為樂。在那裏祈禱、讚美、讀經、擘餅、醫治、彼此相愛、照顧孤兒寡婦。天國子民，沒有政治行為，但一言一行，帶來強大的政治社會後果。他們被主流社會視為「攪亂世界的一羣」。

21世紀的彼前二章

今日基督徒如何理解彼前二章？如何解讀作為天國國民的當今意義？

作為上世紀60、70年代成長的基督徒，當時的認知，是藉着個人勤奮、好學、聰明、智慧、誠實、紀律、性貞潔、順服權貴，天國國民能在主流社會中佔一重要位置，獲得權勢的信任，晉身統治及資產階層，在那裏有效地榮神益人。約瑟但以理模式，也是「獅子山下」的基督教版本。

這不是新約初期教會的天國國民模式，而是約瑟但以理模式，這對當時的我們及我們的長輩，似乎很合情合理，又能帶來祝福。在信仰、在道德、在社會，基督徒都是精英，或應當是精英。教會的見證，也是從精英身分出發。

今日的香港，此情不再。我那個年代的精英道德價值已經明顯地不濟。精英在公共領域運作，個人道德品行、性貞潔、和諧家庭及大學學位已不足為恃。21世紀重視的，是公共道德倫理價值：問責、透明、程序、社會公義、環保、本土情懷。這些道德價值，都不是約瑟但以理模式的主題，也不是我那個年代基督徒所熟悉所長的。

這不是說我們的那一代錯解了《聖經》。我們在我們的時代讀經，並嘗試在那時代活出天國國民的身分。我們的理解當然不夠完整，也未能超越時空。今天回首，我們的確忽略了對主流社會價值的批判，也很輕忽地容讓自己被建制及權貴吸納。我們是歷史的產品。我們的虧欠及缺失乃是有意無意地把一個年代的理解絕對化，甚至浪漫化，把它當為恆久的真理。在今天的香港讀彼前二章，詮釋的鑰匙很可能不再是約瑟但以理了。容許我說一句半認真的話：今天我很難與但以理的獅子坑經歷認同；更多時候，我倒覺得自己像頭老獅，被一羣咆哮的但以理包圍着。一笑！

神透過猶太文化向初期教會啟示了天國國民的身分。教會歷代信徒也通過不同文化接收這個信息。讓這一代的基督徒也在自己今日的文化中欣然接受、詮釋及經營已經賜給我們的天國國民身分。

我深信新約《聖經》早期教會的經歷極為值得參考。使徒宣稱他們是被揀選的、有君尊的、聖潔的、屬神的、蒙憐恤的。在神眼中，這是精英的身分；但在社會中，他們不屬精英，不屬主流，他們是天國國民，生活在社會邊陲。

後記

這篇文章不易寫。想寫得誠實清晰，但恐怕表達出來成了傲慢，自義，不肯認錯。文章的重點其實就是一種自我 dis-qualification：dis-qualify自己作師傅，dis-qualify在今日用上60至

70 年代的實況及心態來詮釋「天國國民」的聲音。每個年代都要在自己的實況內讀經，在自己的世代作基督徒。

最後補充一句。我的自我 dis-qualify（我的80後小朋友説正確講法是dis-quaLI，尾音特高特重特長）並不等於自行失蹤。我和我的朋友仍然在世，正如今日的80後90後，依然在今日的香港特別行政區讀經作基督徒。這羣上世紀60至70年代的，心仍未死，將會有分於「佔領中環」，在邊陲，作天國國民。■

馮煒文

作基督徒數十年，以信仰為美事。所讀經書，偏幫貧窮。但對禮拜堂生活，仍甚不習慣。漫步深水埗長沙灣，甚有悠然之感。從不以被獅羣圍攻的但以理自居，間或倒以被但以理羣圍攻的老獅為榮。滿足於在神的歷史中作個小配角，隨時準備因祂的作為驚訝而喜悦。

1960-70 年代任職基督教工業委員會，80 年代日內瓦普世教會協會。著有《給志強的信》、《假如耶穌在》（大時代版）、《市井．罪人．被罪者》、*The Gospel is Not for Sale*、*The Isaiah Vision*、*Evangelistically Yours*、*The Household of God on China's Soil*。

關於天國的一封信

鄭政恒

K：

很高興收到你的信，畢竟我們很久沒有見面了，有好幾年了吧。

你說早陣子一位朋友辭世（節哀），令你重拾對基督信仰的關注，我看是一件好事，畢竟有些問題是需要信仰來解答的，對嗎？

跟你一樣，我曾經翻閱福音書，看到耶穌基督常常提及天國，比教會和宗教這等課題談得更多。然而天國卻經常為信徒所忽略，甚至言人人殊，成為莫衷一是的虛浮字彙。

你的一番話令我想起一些舊事。我在大學時參加了一些信徒聚會，才開始明白天國的信息——天國是關乎上帝的統治和權柄。屬天國的子民，在上帝的權柄下生活。天國是當下的，也是將來的。天國在我們心中，但也需要我們付之於行動。

於是我和其他朋友從教會走到社會，在行動中實踐福音，嘗試求祂的國和祂的義，尋求上帝的權柄、社會的正義，憐憫社會中弱勢的邊緣人。我參加和組織了一些活動和團體，反對不民主的小圈子選舉，反對地產霸權，反對再殖民，也探訪基層的朋友，支持平反六四，支持公平貿易。你記得我喜歡音樂吧，我曾和朋友創作一些抗議歌曲（protest song），現在回頭看來，不算很成功，其中一兩首如《風很大（我跟你到碼頭吹吹風）》和《傳球時代》，還是可以的。

現在我從「火線」上退下來了，但還在關心。當下我更關注文化的問題，有機會見面再詳談吧。

你手上那本曹新銘牧師的《耶穌基督的天國運動：救世真理的默想》，說到耶穌的天國運動和救世真理有五個重點：消除一切的歧視、靠天恩也盡人力、救個人也救眾人、救靈魂也救肉身、需要各方面的人合作。這些重點正正表明天國運動的多面向，是矛盾辯證的，不像一般教會單面向和偏側的教導，只有前者，而沒有後者。天國福音的深度和闊度，可以讓矛盾共存，多元並舉，而不是非此即彼的選擇題。

既然你提到書，我也向你推薦一本教我愛不釋手的好書，是拉加茨（Leonhard Ragaz）的《上帝國的信息——成人教理問答》（*Die Botschaft vom Reiche Gottes. Ein Katechismus für Erwachsene*，1942，中譯本由道風書社出版，譯筆相當流暢）。拉加茨是瑞士宗教社會主義神學家，乍看之下他的言論偏左，然而跟福音書的教導又相當吻合，至少糾正了一般教會以偏概全的毛病。此書寫於二次大戰戰事方酣的歲月，措辭遣句少不免要更為到位着力，斯可謂「剛健既實，輝光乃新」矣。

容許我抄錄當中一些振聾發聵的講述吧，例如：「對於基督教尤其新教而言，說得尖銳一點，赦免罪過是整個福音，而對於上帝國，只是福音的一部分。屬於上帝國的不僅有對罪過的赦免，而且還有對痛苦、金錢、權力、不義、疾病和死亡的勝利。屬於上帝國的是靠上帝進行的世界革命。」

拉加茨完整地帶出上帝國的信息，將上帝國與宗教清楚區分，他竭力反對宗教利己主義、基督教奴性主義、民族主義、愛國主義、法西斯主義等等，那麼站在上帝國的立場，拉加茨肯定什麼呢？他肯定塵世的正義、神聖的權利、人的尊嚴、純潔、自由、團結、侍奉、犧牲以及民主等等，「可以肯定地說，宗教在任何時候都願意站在有錢人和當權者一邊，而上帝之國卻總向着貧賤者和卑微者。」

《上帝國的信息——成人教理問答》的〈對話十五〉一章，談及文化與藝術，這方面留待見面時再跟你討論。

這封信寫得夠長了，現在是清晨五點（多得咖啡的作用），天仍未光透，我們還在（世界的）長夜裏，然而天國正在來臨，許多人努力地踐行塵世的正義。

期待你的回應。■

政恆　上

鄭政恆

香港電影評論學會副會長。著有《記憶前書》，合著有《走着瞧——香港新鋭作者六人合集》，主編有《讀書有時》、《2011香港電影回顧》。

來，跟從____吧！

譚以諾

那天在人堆中，已經是第五天了，人一天比一天多。那天，是整個運動的高峰，人貼人的堆在政府總部外，歐洲來的友人説這回政府肯定要讓步，我微笑而不答，或不想從自己的口中説出，其實事情並非這麼簡單，這不一個教育問題，也不只是課程編制的問題，而是統治者設定了思想教育的綱領，要以教育為手段植入愛國愛黨的思想。這些，我不知道那歐洲來的朋友明不明白。或者他比我更了解，他們的祖輩，大概也經歷過這種掙扎，或噤聲：在極權的注目下，最私密的性愛也會變成最公開的事。這是東歐的小説家，教給我的。

過去二十年來，香港很多教會都懼怕觸及政治問題，但事情並不是個人意志能決定的。以往，大概只有三數個弟兄姊妹敢於把社會或政治議題帶進教會。會眾的反應先是一陣靜默，然後說第二個話題。但這次，我在人堆中，竟然看到年輕弟妹的身影。以往，在街道上，在廣場中，我都是孤獨的，教會的人並不了解我在幹什麼，但這次，我完全沒有預想到，在這些場合會遇到他們，三五成羣的，年輕而青春的面孔。他們不是學民思潮的參與者，他們只是受到感召，以公民的身分作出回應。我輕輕的與他們打招呼，然後離開，心中默念，希望他們可以狠狠的，堅持下去。

政治事件總是觸動人心的。就在弟妹受感召、在facebook上一抒己見之時，嚴厲的話語總是隨之而來。我早已厭倦了網上的罵戰，認為對任何事和人都沒有助益，但年輕人，總是熱誠滿滿，總是入世未深，總是更懂得對自己真誠，總是對自己所相信的衷心地相信，對陣就在網上、在弟兄姊妹之間展開。我知道，年長的和年輕的，各自帶着自己的意識型態，對陣大概沒有圓滿的結果，一方堅信既為國民就要受國民教育，另一方則相信沒有國民教育，只有公民教育，不需要愛國愛黨，只需要愛護這個城市就夠了。我在熒幕前靜靜的看，但我知道，一個Like對他們年輕的心靈也是一點支持，就搖動滑鼠，按下去了。

我總相信我們現正活在的，是但以理和約翰的年代。但以理和他的朋友被國家徵召，當大學的院士，卻預備把生命獻上，只為不跪拜那個像，那個權力的象徵；約翰的眼目開了，看見了邪惡的巴比倫並未過去，並正在張牙舞爪，但他確信，在這個權力、軍事和經濟都強大的帝國之上，有那不死不滅而復活的主。對的，是主，是主宰一切的主，這主，並不是順口溜的，而是切切實實的體會；沒錯，祂是高於一切，遠超於諸天、諸神、諸權力的，王中之王。

可惜的是，我親愛的弟兄姊妹，往往在這場政治之戰中，忘了自己的歸屬；在國家的召喚中，忘了是誰呼召我們出死亡入奇妙光明。我們常傳那叫人得生命的福音，卻原來自己並未重生。尼哥底母問：重生？要從母腹中再生一次嗎？耶穌回答說：非也，是要從水和聖靈生，是要回轉，轉向我們的父，我們的神。

那次運動解散後，城市又回復先前欲靜未靜的平靜，然後，日常生活的問題又再次佔據我們的思緒。結婚、買車、買樓、生孩子、供書教學，城市就是如此的運作下去。於是乎，那個曾經是舌戰戰場的facebook，又再次出現了希望樓市快挫的聲音，好趁低吸納。我知道，人受呼召的熱誠不一定能維持下去，我知道，世俗的呼召往往比上帝的呼召吸引。現代的信徒，當然不會如初期信徒般，以為耶穌要領軍在地上建立國度，而幻想自己成為高等國民。天國天國，我們倒背如流，熟得我們都相信，上帝的國，只在天上，不在地上。於是乎，在地時，我們可以隨意的歸屬，不論是北方的強國，還是無形的資本主義邏輯。但主的日子要像賊來到一樣，靜悄悄的，無聲無息，卻帶來巨變。那時，就真的如樓市下跌一樣，無可預計，無可防備，也會如政黨倒台一般，一夜之間變天。天國，也是這樣的來到。耶穌說，人若不重生，那時，就

只能在黑暗裏哀哭切齒。那五個童女，就是如此的，被遺棄在外。■

譚以諾

現為香港浸會大學傳理學院博士生。著有長篇小說《黑目的快樂年代》，其他小說見於《小說風》和《城市誌》，文學評論見於《文匯報·讀書人》、《字花》和《文學評論》，電影評論見於《時代論壇》和「香港電影評論學會」網頁。

我們在談論什麼天國國民教育

胡清心

「天國國民教育」這個概念聽起來新鮮，卻從來不是一個陌生的話題。一朝信主入教，便被牧長的教導耳濡目染，做基督徒要切記自己的身分，是「分別為聖屬神的子民」，要牢記一生在世就是一場天路歷程，所思所想所做的每一件事，都必須心繫天國，為最後的審判做好萬全之備，這樣，當天國大門徐徐關閉，眾生倉皇之際，我們便可以滿懷信心昂首挺胸傲然步入天國，領受那頂為我們存留的榮耀冠冕。

充滿疑問的天國國民教育

對內地教會來說，大抵地上的事務叫人太過失望，也徹底無能為力的緣故，他們對天上的事顯得尤為熱衷專注。在一些保守的家庭教會中，差不多每一次崇拜、講道和小組分享，都是一次完美的天國國民教育。「天國近了，你們應當悔改」是永恆不變的主題，每一段經文都像在鞭撻着信徒的良心：看看耶穌的教導，亞伯拉罕的信心，摩西的謙和，末日的時候你們怎能在上帝面前站立得住？看看《聖經》裏末日的預言，現今的世界、每日的新聞，不就是末世的預兆麼？耶穌說不定明天就來，你們有沒有預備好自己？你們究竟是那愚蠢的童女還是聰明的童女呢？台上的人講得慷慨激昂痛心疾首，台下的人聽得心驚肉跳悔恨交加，痛哭流涕向基督下跪認罪，立誓保證當晚便洗心革面重新做人讀經十遍，可惜在塵世裏打滾不需一週又變回老模樣，在下個週日回到教會繼續接受牧者的譴責與良心的鞭撻。

最生動的天國國民教育，當數一套叫做《末日迷蹤》(*Left Behind*)的小說，雖是算作科幻小說上架，但對基督徒來說卻真實得簡直就是一套末日指南。第一章便足夠聳人聽聞，連牧師亦未必有資格在末日被提，更何況我們這些普羅大眾？讀完之後人人自危。的確，「信耶穌得永生」說來容易，可是說到進天堂，似乎誰都沒有足夠的把握。世間誘惑太多，一不小心便做出有辱基督徒身分的惡行，幾乎就能想像到自己被扔到天堂門外「在黑暗中哀哭切齒」的樣子。

說起天國的國民教育，我想到「立志行善由得我，行出來卻由不得我」的苦苦掙扎；那是上帝看透我一切行為思想的犀利眼神；那是祂的怒火挾着我曾犯下的每一樁罪行、動過的每一個惡念向我迎面撲來。一想起天國降臨，我總會像小學時想起老師即將到來家訪那樣，膽戰心驚寢食難安。對被如此教化了十數年仍冥頑不靈的我來說，這國民教育已是心頭挪不開的沉重負擔，是懸在頭頂的達摩克利斯之劍，它是一條政治正確的準線，衡量着我們的一言一行、我們的思想，甚至我們看待世界的方式，一步走歪便步步行錯。

隨着年紀漸長，世界的大門在我面前慢慢打開，當我對信仰對這國民教育產生愈來愈多疑問，當我忍不住誘惑想要試圖擺脱它的枷鎖、質疑它的權威時，總有一把錚錚的聲音在我耳邊響起：這是政治不正確的，難道你不想上天堂了？於是，我縮起才剛伸出的反叛觸角，老老實實繼續做個合格的好基督徒，努力傳福音，努力分別為聖，然而那些掙扎從未消失，它們總在心頭盤旋翻滾，一時失控便將我整個淹沒，這讓我內疚卻無能為力，為了彌補這份罪咎，我惟有加倍地標榜展示自己基督徒的身分，並試圖影響他人，可在不遺餘力之間卻傷透身旁密友的心。

生命的本相

同窗四年，她不是沒看出我生命中的虛偽，我的生活矛盾而混亂不堪，卻總以冠冕堂皇的話語形容自己的信仰，對顯而易見的問題選擇逃避。她不明白，為何我説耶穌是愛、我們都是罪人，卻總是以道德優越感看待身邊的人和事，雖然嘴上不説，但她清晰地感覺到我有一條奇怪的政治正確的準線，並用它來衡量周遭一切，慣性地對他人的生命作價值批判。每當她跟我談論對世界和信仰的理解，我或是搶白告訴她什麼才是正確，或者我那不屑的眼神早已説明一切。最後讓她不願再忍受的是，無論她遭遇怎樣的難處，受到多大的傷害，需要安慰幫助的時候，除了勸她信主我便什麼都不會說。「信主吧，信了主一切就都會好」，在我看來這是最好的安慰和關懷，有了基督，這些難題還算什麼？何必為那些屬世的事浪費時間？而她只感到我對她的處境和感受徹底的冷漠，更被我那殷切向她傳教背後的動機刺傷，若信耶穌便能解決一切問題，此刻她承受的痛苦豈不因她並非基督徒麼？

「基督徒都是自私的，說什麼神愛世人，可你真正告訴我的，卻是神只愛基督徒，只有成為祂的信徒才能換到祂的愛和祝福；口口聲聲說愛說恩典，不是因為你們真的愛我，你們甚至從未尊重過我的人生和處境，你們只是為了靠這些來確保自己能上天堂而已。」在最終與我決裂前她這樣說。我感到憤怒，卻無法反駁，捫心自問，她說的都有道理，我就像臉上被狠狠的摑了一記耳光。

不久前重溫早年看過的《情人》，我仍記得當年看這部久負盛名的電影之後的失望，我根本沒看懂這影片，也沒體會到眾影評者筆下的刻骨與傷感。不料，今回卻有截然不同的感受，當片末少女躲在船艙大廳角落暗自啜泣，我哀傷到幾乎窒息，忽然明白到當年的我為何無動於衷，原來我根本沒感受到兩位主角之間萌發的愛情，為何我不明白這份愛？因為那時我的着眼點只在他們的婚前性行為，故而判定兩人之間必然沒有真愛，我只記着教會教導的「真愛值得等待」，犯姦淫的人之間怎會有真愛呢？我為當年粗暴的邏輯啞然失笑，也感慨萬千，因為對宗教政治正確的堅持，我曾無視也錯失了多少的美善與愛啊！

怎樣的國民

回想過往的人生，我幾乎一直在追尋天國，刻苦己心，希望成為一個合格的天國國民。但我沿着這由教條搭建而成的階梯努力攀爬，愈攀愈高，似乎接近天國，卻發現我的世界變得愈來愈小，愈來愈孤單。注目天堂，不知不覺間失去整個世界。「基督徒」或者「天國國民」這稱號就像是一頂沉重的帽子，我們以為是分別為聖，或許只是我們的視野變窄了。

所以，「國民教育」這個名詞總讓我心裏發怵，因為國民這一概念離不開身分界定，於是必然有我們與他者之分，但一個天國的國民不應該有所謂政治正確與不正確，更不應以此來確立自己的身分。《聖經》中眾人總喜愛問耶穌，究竟我們應該怎麼做才能進入天國；當今人們也總愛遐想天國究竟是怎樣，最後的審判又是怎樣，某人能否進天國，做某些事的人是否算是個基督徒⋯⋯我不願再這樣想像未來，去塑模自己，為了「成為合格天國國民的N條守則」而活。如果你問我一個合格的基督徒或者說天國國民是怎樣的，我只會搖搖頭答：我不知道。

但我知道的是，真正的天國國民，不會見到需要幫助的人時，除了傳福音什麼都不會做；

真正的天國國民，不會在聽聞天災人禍倫常慘劇的時候，只無關痛癢地以一句「世界愈發墮落，我主必將再來」作為總結；

真正的天國國民，不會只為國家領導人歸主懇切禱告，卻對那些受到欺壓逼迫的無辜平民置若罔聞；

真正的天國公民，不會在關乎公義是非的話題上默不作聲，卻只在談及同性戀話題時，迫不及待地起身向那些所謂墮落者扔出石頭……

所以，如果我們要認真地談天國國民教育這個話題，我想真正的天國國民，是不會在乎這個身分與天國國民教育這回事，他們不過是做自己應當做的事：帶着基督的愛行走世間；或許在某一刻，我們真的能看到，神的國降臨在我們中間。■

胡清心

於「反國教」運動期間，撰寫〈你永遠沒有辦法叫醒裝睡的人〉。生於上海，於香港求學，中大宗教研究在讀；主修中國基督教史。四載神學生，一筆糊塗賬；心懷家國事，不忘對酒當歌詩書樂影逍遙到天光。

將信念印在生命上

阿彼

2012年開學時節，天氣很熱，也是香港的反國教運動最熾熱的時候，有好幾天我一直在政府總部外守候。那時正在籌備11月出版的《謊言社會》(《突破書誌 Breakazine!》)，在廣場上，我跟其他編輯訪問了很多參加集會的市民。他們很多不過是黑壓壓人羣中不起眼的小黑點，但聽他們的感受，至今仍然令人難以忘記。

記得有中環的上班族，自從中學生佔領政總之後，天天放工過來公民廣場支援學生。「點解我哋要搞到連中學生都要出來絕食呢？」另一位大學女生，跟幾位同學坐在老遠的大門口車閘外，自顧自談天説笑。我俯身問她為什麼過來，她顯得有點腼腆：「吓，冇呀，見到中學生可以為咗反國教行到咁前，我哋呢班大學生邊有面唔行出來？」

把他們的弦外之音串連，隱約聽到關鍵的字眼，原來是「慚愧」。

將生命傾倒

到十月初，有機會跟黃之鋒做專訪時，我就把「慚愧」的觀察，跟他分享。他倒說：「學民思潮為什麼會得到這麼多市民支持呢？並不是因為我們是中學生。」他看得很透，「因為我們是為了一個很簡單的議題，就是要求撤回有問題的課程而『仆心仆命』。我們做了很多工夫，讓大家見到我們不是『為激而激』。」他所說「做了很多」，就是用盡所有最溫和的方式表達反對聲音。當政黨用一天示威、收集市民簽名，他們就用一星期示威，加上連續八日、每日在十個區擺街站收集簽名。到最後，仍然得不到回應，才被迫絕食。

「我和學民思潮，是將我們的理念藉言與行，印在我們的人生上。市民會覺得我們夠真、沒有政治計算。」

黃之鋒是基督徒，他從不隱瞞，更曾說「基督教媒體的訪問和報道，會儘量親自接受訪問」。但是他極少在鎂光燈下大談屬靈經歷、信仰觀點；他選擇用生命驗證信仰的實在，哪怕行動的背後，實在有太多懷疑的目光，指他搞事的閒話，甚至是忽隱忽現的威脅，直接一些說，他就是「搵命博」。

訪問中他分享：「我經歷到上帝怎樣帶住我，感覺很實在，不是匿在教會裏說『耶穌愛我』，也不是祈禱立刻達成、心裏閃出金句那種。祂帶住我跨過一個又一個難關，跨越被抹黑、人事問題，甚至教會裏的衝擊。佔領政總的十日沒有亂子，是非常困難的。救護車來到救人，大片人羣竟像紅海一樣分開讓路，是一個神蹟。」

聽他這番説話，讓我思考良久。

「搵命搏」的信仰

一個十七歲的基督徒，可能只是你我教會內一個團契的小組員。但他選擇用自己的生命挑戰不公義的政策，所作的見證，帶來一整代香港人的覺醒。是的，一個國家的國民素質，不能透過背書去灌輸，也不是以道理辯論得回來的；是每一位公民在日常生活中，實實在在參與公共事務，甚至參與行動，累積經驗與教訓，讓公民意識漸漸成熟成形。

其實天國的民族性，又何嘗不需要每個基督徒「搵命搏」，共同實踐，才能帶出真正分別為聖，顯出跟世俗價值的對比，成為讓世界慚愧覺醒的見證？可是對於很多人來説，這個風險太高，壓力太大，何不留守在「安舒區」，繼續只說不做的信仰——披着真理的外衣，同時不需要冒險。

下筆之際，一次崇拜中主席領唱《動力信望愛》。這是一首流行了三十多年、鼓勵信徒「站到街中聽鬧市聲音」的經典詩歌。正想開聲之際，卻發現自己已開不了口。為什麼呢？這三十年來，不知道有多少新的詩歌、樂手、敬拜隊湧現，樂器精良，編曲巧妙，對上帝頌讚和感恩的言詞都滿溢了。反觀社會變化如此巨大，但每次講到要立志面向社會，為何我們仍只能唱出《動力信望愛》？這説明了什麼？是否我們不僅再不懂做，連口中也缺乏關心世界的新言詞，就只能不斷老調重彈？

我們以為上教會、滿足牧者的吩咐，努力讀《聖經》，已是最保險地承擔使命的方式，但原來這種生命，已失去信仰最關鍵的生命力。耶穌對那位尋求永生、從小就遵守律法的有錢人説：「你還缺少一件：去變賣你所有的，分給窮人。」所説的，其實就是捨己。當今天教會普遍只説不動、願意拿出生命為真理「搵命搏」的人寥寥可數；有時我會想，耶穌説進天國的路是窄的，進去的人也少，並不是誇大其詞啊。

這幾年，在書誌編輯的崗位上，探討過不少社會議題，接觸了不少走在前線推動社會變革的青年人。無論是否信徒，他們不約而同流露着「搵命搏」的特質。為了更理想的社會和生活，他們放棄跟資歷相稱的高薪厚職，在社會幽暗的角落默默服侍，印證自己的信念。每次聽他們分享，就從心底被觸動，當我努力將他們的故事寫下來傳播開去，同時也不斷自我叩問，留守教會的四堵牆內是否就足夠？這樣下去，會否有一天我舉手頌讚，卻已無力向世界作見證？

這是我一年來的觀察、反思與立志——在上帝面前謙卑認罪，默默地跟從祂藉這一年的人與事所給的感動。我知道2013

和之後的幾年，社會動盪和變遷指日可待，屆時耶穌所說「你還缺少一件」的挑戰，將是我們一羣天國公民能否成為見證的關鍵。

阿彼

彭正雄，《突破書誌Breakazine！》編輯。70後的處境、80後的心境、90後的夢境。相信天國不是仙境，是最日常生活的化境。

為生命起革命
——從信仰看《悲慘世界》

梓翔

那進入天國成為子民的，
要為生命起革命，
追求真理和自由，
並在地上以愛建立真善美的新世界。

2012年上畫的電影*Les Misérables*，片名被譯成《孤星淚》，在中國大陸則為《悲慘世界》。其實，後者把原著的法文 Misérables 一詞（悲慘），翻譯得更為貼切直接。這齣電影改編自十九世紀法國大文豪雨果（Victor Hugo）一千多頁的曠世巨著，背景是十九世紀初法國大革命之後民間的悲慘生活。自1985年音樂劇在倫敦面世後，風靡全球，今年更將故事拍成電影，除奪得金球獎最佳影片（音樂與喜劇類）外，還在奧斯卡金像獎贏得三個獎項（最佳女配角、最佳音響效果和最佳化妝）。此劇感人肺腑，賺人熱淚，歌曲動聽，扣人心弦，而且內容非常豐富，探討人性的不同方面，包括愛情、親情、友情、民眾的困苦、熱血的革命，以及悲壯的犧牲等。劇中時空跨越幾十年，人物眾多，若首次觀看，不熟悉劇情者往往只被動人的歌曲感動，而抓不住其中心思想和背後理念。其實小說和劇作所推崇的，不單是人道主義，背後更有至為深邃的基督信仰作為基礎。要探究其理念，須先了解劇情；雖然故事頗為複雜，卻以囚犯Valjean的一生貫穿全劇。

寬恕、懺悔、新生

整個劇作在探討生命，先是懺悔罪孽，重過新生。故事的開始，是男主角Valjean因偷竊罪入獄，多年後終獲假釋，卻深感不公，憤世嫉俗而逃脫；但他不被社會接納，幸得主教收容，再感人間溫暖，然而當他離開主教家時，卻因偷走主教的銀器而再次被捕。他被帶到主教面前，主教沒有指證他，寬容的讓他脫罪，還另送他銀燭台，訓示他要作誠實人，且把他的靈魂交託上帝。他深受感動，觸動良知而深感羞愧，流淚懺悔，革面洗心，再次相信人性裏的善，在上帝面前，立志重活新生。牢獄並沒有改變他，是接納與寬恕打動他的良知，是關懷施予的愛改變他的一生。

一生實踐愛

他決心重過新生，於是改姓換名，卻一直遭刑警Javert緝捕。他倆的追逐糾纏，不單增加劇作的張力，更要表達一個重要的主題——律法與仁愛互相爭持。Valjean以愛心幫助別人，廣行善事，又替Fantine撫養孤女Cosette；鐵面的Javert深信律法，捍衛法紀，誓要將Valjean緝拿。在一次革命中，Valjean與Javert再次相遇，Valjean的仁愛寬大和捨己救人的犧牲精神，最終感動Javert放過他，仁愛終於勝過律法。劇終之時，Valjean將要離世被引領得救贖時，就把愛的真理說得清楚："Love is everlasting; and ... the truth that once spoken was: to love another person is to see the face of God." 為什麼愛人就是見到神？因為神就是愛，愛就是祂的本體，因此實踐愛就是看到祂的本體。

革「生命」的命

故事同時描述了1832年的學生革命。一羣熱血的青年，看到民間疾苦，不甘人民在困厄中如被奴役，奮而發起革命，抵抗政權，追求自由和理想的新世界，最終卻賠上生命。他們的革命並未成功，但在音樂劇和電影的終結時，他們（包括Valjean）再次活過來，在上主永恆的國度裏，得到真正的自由，快樂地高唱自由與永恆的歌曲。

如果把《悲慘世界》看為一場生命的革命，那麼最初Valjean為罪孽懺悔而把自己交給上主，就是他為自己的人生先起了一場「**基本的生命革命**」，定下要走的方向。後來一生憑良知行善，實踐愛心，最終逃過懲罰，便是「**持續一生的革命**」，對抗人性裏的惡。《聖經》說人是按照神的形象而造，相信「愛」是其中重要的形象元素，因為神就是愛，這愛可以抗衡人性裏的罪性。同時這種愛超越情愛，是人性裏善良崇高無私的愛。熱血青年的那場革命，是為公義和自由的抗爭，為追求美麗的新世界而犧牲的「**終極革命**」。作為天國的國民，還須回應更高的召喚，為永恆的價值付出代價，讓上主的國度建於地上。無論是「悔罪重歸正軌」、「行善實踐愛心」，或「追求正義、公平與自由」，都是天國國民在地上為生命起革命時必須的操練。

《悲慘世界》充滿寓意，啓發思想。我看了音樂劇、紀念音樂會DVD和電影多次，還是被那些歌曲感動，對其背後的信仰，尤感興趣，進而探討原著的小説內容。觸動我的，是雨果那份悲天憫人的胸懷和追求正義與自由的理想，這都是源自基督信仰。他看透世情，相信愛的超越性。小説裏描述的，是無私的愛與付出，主教對那些被擲棄的人的關愛、Fantine 對 Cosette 完全獻出而犧牲的母愛、Valjean視Marius如兒子而捨身保護的愛、Marius與Cosette間的情愛，甚至Eponine單戀Marius而無求的愛，以及戰友之間的友愛，都是感人至深的。在貧困、不公、不自由的社會中，熱血青年奮起追求理想新世界，激動人心。他們的行動或許帶點天真，那份情懷，卻是可嘉。今天我們這些活在世上的上帝國度的子民，亦應憑着基督的愛，實踐愛心，並將公義、自由，及神國度的價值觀，植於地上。■

梓翔

畢業於香港大學醫學院，任職公立醫院逾三十多年，為兒科專科醫生，《醫生札記》及《弦動人生》作者。除文字創作，亦喜音樂填詞，且致力推動本土現代詩歌創作，填寫不少歌曲，為「香港作曲家及作詞家協會」會員。

來回地獄又折返人間，你還愛我嗎？

拉容

受苦的面容

有些香港人無法過關進入中國大陸境內，他們是中國人嗎？說起「認同」的問題，也談談「認得」的問題。那些人被政府認得，被歸類為「不認同政府者」。你不認我，我也不認你。我們說要認的，其實要認什麼？

天國呢？耶穌也常跟門徒用「我認你／我不認你」的方式來講述天國。你不認我，我也不認你。老師被官府抓去了，彼得三次不認耶穌；耶穌死後復活、顯現，門徒也一度不認得那人就是老師。

我喜歡看電影，特別是那些沉重悲慘的電影。一方面，我在消費那些悲慘故事來安慰自己；「比上不足，比下有餘」；

另一方面，我相信盼望的種子就在那黑暗的爛泥中。哲學家列維納斯（Emmanuel Lévinas）認為「他者的面容」很重要，因為別人的臉，特別是受苦者的臉容，能引起觀看者內心的道德責任感。耶穌來以前，人不能看神的臉；人承受不起，會死。耶穌是人，祂容讓別人看着祂的臉，因為祂成為了一個脆弱的、受苦的人。到了極點，是祂死了，來回地獄又折返人間。

爾後，耶穌設立了一個典範，祂把自己的臉容，與陷在苦罪中的人的臉容共融於一。

「召集所有漂亮的面孔」——這是一個臉容泛濫的年代，科技發展讓我們生產和傳播「臉容」的成本變得十分低；大眾傳媒也召集了很多受苦者的面孔，看得人麻木。有些人說，消費別人的痛苦不好，看得太多會沒感覺。於是，我們別過臉去。

甘小二的電影——黑暗中的耶穌

好的，回頭說電影，回頭說中國，回頭說「認」。有些人說：祖國強盛，焉不認同；批評指責，居心叵測。若不感到是自己人，你無法無天又與我何干？那些人受苦，那些人犯罪，是與我有關的人在受苦和犯罪。當然，世界上有些人，你有福與他同享，你有禍他便不認你。

中國有些電影，所展現的多是俊男美女，「召集所有漂亮的面孔」，是官方認可的、可在戲院放映的；另外有些電影，被稱為「獨立電影」，把那些上不了大銀幕的、被否認的、無數活在苦罪中的人的面孔凝聚起來。當中有一位導演，專門拍攝中國基督教的題材，他的名字是甘小二——甘作小二——一個謙卑的名字。他大概是第一個把基督的容顏與目光帶到電影裏的導演。

甘小二的電影跟其他獨立電影一樣，描寫中國底層和邊緣人的苦況：窮人、農民、女人、病人、兒童、礦工；但跟其他獨立電影不同的是，很多獨立電影中的角色，到最後都沒有出路，有的悽慘地死去，有些茫然的苟活……甘小二卻嘗試在黑暗中找出一點光，那怕只是一點點就行了。他選擇基督教作題材，因為中國有數千萬基督徒，在中國電影中卻鮮有出現。透過鏡頭，他嘗試說服人，基督徒在中國社會中確實存在，就像那些受苦者一樣，人們不應忽略。那麼，現實中的基督徒就是黑暗的現實中那一點亮光嗎？

若然，我們先要凝視那黑暗之黑，究竟是怎樣的黑。

甘小二第一齣電影《山清水秀》裏，明媚的風光中發生殘酷的事：貧困的農民阿水要賣掉剛出生的嬰孩，把妻子租給富人「借肚」，賣血而患愛滋病，弟弟被槍決了還要幫他交子彈費……親人死的死、走的走；因為愛滋病，鄰居和朋友都撇下他。他睜着雙眼，在暗室中等待死亡。這個滿身罪惡與痛苦的人，對身邊發生的一切無能為力，如詩如畫的風景莫不是天地不仁的嘲諷。最後只有一個流浪的傳道者——根據法律他是一個罪犯——給阿水按手作最後的禱告。

這時才來禱告有什麼用？像阿水這樣的罪人，能進入天國嗎？甘小二沒有進行神學剖析，他親身演繹阿水這角色，在牀上氣若游絲，還想什麼神學問題？只是，絕望之中，竟還有人愛他，讓他不致孤獨地死去。

第二齣電影是《舉自塵土》。農婦小麗每天既要照顧女兒，又要騎三輪車作苦力掙錢，因為丈夫患了治不好的矽肺病——國家發展需要大量燃料和原材料，卻沒有給工人足夠的保障。因為錢不夠，女兒遭停學，丈夫的牀位也給搬到醫院的走廊。小女孩的老師，是她爸爸的老同學，卻沒有什麼關懷問候，只管叫小女孩交錢才能上學。

小女孩在家，為父親的病禱告，也為冷漠自私的老師禱告，盼望他回轉。

後來教堂的弟兄姊妹湊了錢給小麗的丈夫當醫藥費。不過，小麗把必須靠機器才能呼吸的丈夫帶走，用三輪車載着，讓他在路上咽下最後一口氣。教友給她的錢，她用來送女兒上學。路上，小麗和丈夫憶起，當他們還年輕健壯的時候，他騎車載着她，樹幹在旁不斷後退，是一段快樂時光。

甘小二的電影不像那些「福音電影」一般，充滿光明的盼望，那些順理成章得像教育電影一般的情節公式也沒有；並不是那些主角曾活在罪和苦痛之中，遇到福音後就回轉得救然後大團圓結局。苦難與罪惡仍然存在，世界仍舊是那樣。暗夜無星。

——然後有流星劃過。

那一瞬你可以瞥見他人的臉容。你認得嗎？那是誰的臉容？（那誰是我的同胞？誰是我的鄰舍？誰是我的主呢？）■

拉容

人評論文化，文化評論人。

從北京農民工子女到香港尋求庇護者

Holly、Eling

願祢的國降臨，願祢的旨意行在地上，如同行在天上。

我們是青年發展基金的研究員，服務北京的農民工子女。自我介紹的時候，常被直接或間接問道：為什麼要參與服侍農民工子弟的事工？一個很標準、很簡單、別人很容易「聽明白」的答案——我們是基督徒，很想看到神的國、神的義在地上彰顯。但撫心自問，「神的國降臨」、「神旨意的彰顯」，對此時此刻的社會、對國家、對香港、對自己居住的社區，有什麼實際的含義？帶來的轉變，我們是否都真心樂意見到？原先我們是做北京農民工子女事工的；近年在香港，又開展了尋求政治庇護者的事工，愈來愈察覺到這兩個問題的複雜性。

Holly：站在弱勢的一方說公義很容易

起初參與農民工子弟的事工，是想到和自己的「中國人身分」有關。總覺得每個人的民族身分是與生俱來，是從上而來的一份獨特的禮物。就像神給我的DNA，命定了我的中國人身分。在美國留學期間，我在唐人街認識了很多內地新移民家庭。不知何故，我這個接受港英式教育長大的留學生，遇到這些文化、政治背景大不同的「同胞」，竟產生了家人般的親切感；甚至漸漸地接納了「弱勢新移民」這個身分，花很多時間與這羣體相處，設想改善他們的社會待遇。可能是基於教會的教導，也可能是天生性格使然，總覺得選擇站在弱勢羣體的一方很容易，說起「公義」時特別理直氣壯。

五年前，我帶着「弱勢新移民」的身分認同感走進北京，開展服務農民工子弟的工作。這羣城市新移民被邊緣化，又缺乏資源，父母為城市建設作出貢獻，子女卻很難走進城裏的公立學校讀書，甚至連參與公開考試的機會也沒有。起初，心中的對與錯十分鮮明，我們是代表對的一方，為公義而戰！不久，這簡單的二分思維便受到挑戰。還記得我們設計了一課關於「雙重身分」的教材，強調農村老家和城市新家的雙重身分，皆是學生們寶貴的人生財富。想不到，北京的本地志願者首先提出抗議：「他們已經夠慘了，為什麼還要提起他們的鄉下身分？」本地志工和同事也跟我們分享，參與這個項目令他們感到很強烈的身分衝擊：「雖然外地學生的遭遇很值得同情，但要是我們為外地學生開放受教育的機會，他們豈不會紛紛湧進北京？那我們的家會不會淪陷？」面對這些坦誠分享，我的即時反應就是「義怒」，回應往往只有簡單幾句：「如果城市不需要他們，沒有工作機會，他們才不回來！」

「世界不停地變，不能自私地抓住以往！」甚至搬出「神的國、神的義！」

由「弱勢」變成「強勢」

在香港的教會裏，大家興致勃勃聽我分享北京事工的點滴，表現得十分支持：「不讓小孩子讀書，真不公平！」一天，我提起在香港的「民工子女」：沒有身分，不能在港工作的尋求政治庇護者（asylum seekers），我同樣憤慨地指出當中不公平的地方。可是，大家都靜默了，然後，一些「非常理性」的分析浮現：「要是香港讓尋求政治庇護者在本地工作，他們豈不會都湧進來，使香港淪陷？」

基於即時反應，起初我還是想把「神的義」等說話掛在嘴邊，可是，當面對外傭居港權、內地自由行、水貨等社會議題，我要怎樣回應？口裏說「公義」，心裏厭惡之情卻不自覺浮起。從北京回到香港，自己從弱勢的一方，跨過欄杆，站到強勢、主流的一方。看到自己所愛的家、所熟悉的文化備受威脅，「神的義」是指所有人的基本權益受同等保護嗎？「神的旨意」是對合法地進入自己國家的客旅無條件包容、開放嗎？突然，我彷彿更多明白北京本地志願者的掙扎。

Eling：「你想，這三個人哪一個是落在強盜手中的鄰舍呢？他說：是憐憫他的。耶穌說：你去照樣行吧。」

不知是否神知道我們心中有打不開的結，有更重要的功課要學習，在看似偶然的機會下，祂安排我們在香港展開服侍尋求政治庇護者的事工。香港現時約有6000名來自世界各地（主要是南亞和非洲各國）的尋求政治庇護者，基於戰爭、宗教迫害等原因，來到香港尋求難民身分。每月及每十天分別獲得政府1000元住屋津貼和300元食物津貼，但不准在港工作。他們仿佛成為社會裏只吃不做的「寄生蟲」。起初，我也站在「強勢」的一方發問：真的要為他們爭取學習和工作的權利嗎？如果他們都湧進來，怎麼辦？

遇上了他們，並發現自己對這議題的無知，我開始閱讀相關的資料與香港法例。我猛然發現，我們的城市竟如此不人性化地對待他們：要不斷到入境處報到，沒有工作沒有收入的痛苦狀況要維持七到十年；再深入研究，又聽說尋求政治庇護者當中，部分人並非在祖國受迫害，他們不過是想來非法打工的經濟移民，二者很難區分。資源有限，我們可以怎樣？在法理原則下香港政府是否已經滿足了職責，仁至義盡？

我明白香港受越南難民這包袱影響深遠，確實很難細意照顧難民，但同時我又為香港目前處理尋求政治庇護者的制度中，很多不尊重人性的地方感到難過和憤怒。這段期間，社會出現很多有關內地同胞搶奶粉、推高樓市、佔用本地產婦的醫院牀位等新聞。我終日推敲，在「有身分」的本地人和寄居的客旅中間，社會的資源到底該怎樣分配，才合乎上帝的國的原則？心中一面帶着極多疑問、掙扎、矛盾，一面繼續服務。我問自己、也問上帝，為何這羣尋求庇護者會走入我的世界，讓我如此苦惱？是不是他們在我居住的地方，走進了我的視線，我便要理會他們？他們與我何干！

憐憫他們的就是鄰舍

從2012年10月開始，我定期接觸一羣年輕的尋求政治庇護者。我們邀請在中文大學讀書的內地生和本地生與他們交朋友，分享生命故事。當開始與他們親身接觸，面孔配上了名字，名字背後又加添了真實的故事，他們國家的新聞與歷史便活起來，我卻感到無比沉重。這一秒鐘，因為戰亂，不知道多少人失去家園，與家人各散東西。我知道上帝憐憫人。上帝從天上往下看，看到香港的兒女怎樣對待從非洲某個戰亂國家逃難而來的兒女，祂心能不被撕裂嗎？那些尋求政治庇護者常常提起在香港被"ignored"。香港人潛意識認為這些人不存在，大概就是看不見為乾淨，就像《聖經》裏好撒瑪利亞人故事中的利未人和祭師，香港人太忙碌了？

在香港，在自己身邊，上帝讓我遇到這羣尋求政治庇護者，他們就變成了我的鄰舍。我們該怎樣對待鄰舍？上帝沒有要求他們做大事。給小子一杯涼水，在別人餓了時給他們吃，別人赤身露體時給他們衣服蔽體已經足夠。作為天國子民的一分子，作為世界公民的一分子，也許在知識、情感及行動等三個範疇上，我可以付出一份努力。上帝給我們腦袋，就讓我們盡力了解世界的貧窮問題、不公義狀況、尋求政治庇護者背景歷史的成因，然後從《聖經》中反思及分析不同的解決辦法。同時，上帝給我們情感，願我們切身感受不公義制度、歷史問題所帶來的傷痛，用上帝的愛、用行動來回應這個羣體的需

要，深信我們每一小步（如到哪裏購物、如何對待身邊人等）都能對社區以至世界作出貢獻。但願我們懂得用上帝的眼睛看世界。■

Holly

明皓，青年發展基金「外來工子女健康發展專案」研究員。過去六年多一直研究北京及上海農民工子女的生涯規劃情況。

Eling

顏宇翎，青年發展基金「北京外來工子女健康發展專案」研究員，並參與在港尋求政治庇護者相關的事工。

紅黃黑白種，耶穌心寶貝？

許承恩

猶記得小時候唱兒童詩歌，很快便會想起《耶穌喜愛一切小孩》：

耶穌喜愛一切小孩，
世上所有的小孩，
無論紅黃黑白種，
都是耶穌心寶貝。
耶穌喜愛世上所有的小孩。
Jesus loves the little children.
All the children of the world.
Black and yellow, red and white.
They're all precious in His sight.
Jesus loves the little children of the world.

只是，在成長的過程中，作為基督徒，尤其現在擔任中學教師、主日學教師，自己不禁想：上述詩歌內容有多真實？

香港的種族平等議題

無可否認，一般香港學生不會經常面對種族議題，始終，逾九成的香港人也是「自己人」，均為中國人（漢族），學生少有思考現實生活中關於種族文化差異、種族地位平等這類議題。

不過，再細心思考，也不是必然。例如，隨便詢問一些中、小學生，尤其出身於小康家庭的孩子，自小已習慣被外傭照顧，他們或多或少理解種族差異。另外，提及少數族裔，不少孩子在學校裏會遇見南亞裔同學，或操流利英語的外籍老師。故此，這個看似「遙遠」的議題，對孩子來說，不算陌生。

基督徒學生思考種族平等

現時不少基督徒第二代正是出生於小康家庭，或者在學校也有參與跟信仰相關的活動，正好學習、實踐種族平等信念。

猶記得推動緬甸民主的昂山素姬曾說：「請用你們的自由來推動我們的自由（Please use your liberty to promote ours）。」當大家聽到這句說話，紛紛讚好，也盼能為緬甸民主、公平公義出一分力，支持昂山素姬。再想，緬甸為東南亞國家，是東盟國成員，至於其他我們熟悉的東南亞國家，包括菲律賓、印尼等，我們又如何「用我們的自由」去「推動他們的自由」？

無可否認，鑑於背景、文化不同，要居港的印傭與菲傭享有跟香港人一模一樣的待遇，不太可能。不過，孩子仍可反思：我有沒有以尊重、體諒、關愛心懷跟家中的外傭相處？舉例，我們懂得對周遭的人以禮相待，對外傭又會否如此？我們常談及要尊重多元文化，就外傭自身的生活習慣、語言文化，我們又有沒有好好理解和尊重？最後，社會多番提及的最低工資、標準工時議題，其實目的就是要對工人工價作公平安排；至於外傭，我們對他們的要求，又是否合理？

另外，關於少數族裔同學，基督徒亦可對他們伸出關愛援手，平等地與他們相處。我們常談及傳福音，亦講及如何將福音傳遍天下，有些人更會積極參與差傳事工。事實上，要參與差傳工作，不一定要離開香港。本地的少數族裔羣體，也是禾場。就此，基督徒學生可作好見證，關顧在港少有朋友、不諳中文、未適應文化的少數族裔同學，多跟他們打招呼，主動問候他們有什麼需要，特意為他們禱告，這已是一個好開始。

再回想《耶穌喜愛一切小孩》一曲，上帝天國的心意，一直未變，但在現實世界的公民實踐，還須大家一起努力。

許承恩

基督教宣道會宣基中學通識科主任，香港通識教育教師聯會主席，多年致力參與香港高中通識教育發展，多次就相關主題主講講座、撰寫報章評論及出版書籍。

修復世界：
光明者的美德

第一次世界大戰

1914年，奧匈帝國皇儲費迪南大公夫婦在塞爾維亞被刺殺，奧匈帝國以此為借口，聯同德國出兵攻打，各國宣戰，第一次世界大戰正式爆發。這次大戰，戰場主要集中在歐洲地區。參戰雙方，不論是協約國的英法兩國，或是同盟國的德國，都是以基督徒或天主教徒為主，戰地攝影師拍下這幀士兵在戰壕中讀經的相片。然而，四年大戰之中，估計超過3500萬士兵與平民傷亡。

1914年

烈火戰車

飾演Eric Liddell 的Ian Charleson在《烈火戰車》（*Chariots of Fire*）中，吐出一句經典對白：「我相信上帝在我身上有祂的目的，而祂讓我跑得快，在我跑步時，我感受到祂的喜悅。（I believe God made me for a purpose, but he also made me fast. And when I run I feel His pleasure.）」1924年，巴黎奧運，Eric Liddell代表英國出戰。為了持定信仰，他堅決於星期日敬拜上帝，放棄了他最擅長的100米短跑，改為參加400米短跑。最後，他贏了一道金牌。一年後，他隨着父母的宣教路向，在中國服侍，最終死在日佔時期的集中營。

1989 年

六四事件

1989年，由4月中胡耀邦逝世的悼念開始，中國大批學生發起提倡國家進步的學生運動，用罷課、靜坐、絕食等方式表達反貪腐、反專制等訴求。6月4日凌晨，中共派出軍隊以武力鎮壓在天安門留守的學生，造成傷亡，不同單位對傷亡實質數字說法不同。相片中一名男子以和平的態度，勇敢地嘗試抵擋坦克車前進。當中，可見和平、犧牲的精神，以及對國家的愛。

要別人尊重我的生命，我也必須尊重其他的生命：史懷哲

史提芬史匹堡製作電影《雷霆救兵》，引起觀眾的質疑：犧牲那麼多生命，來拯救一個普通士兵，值得嗎？更大的質疑是，有需要動用如此龐大資本，來探討一個對全世界進程看似無關宏旨的命題嗎？史提芬史匹堡的做法，正好詮釋了史懷哲（Albert Schweitzert，1875-1965，同時擁有醫學、神學、哲學及音樂四個學位，被稱為非洲聖人，1952年獲頒諾貝爾和平獎）「尊重生命」的哲學思維，這個思維本身是非常沉重的，如果你願意認真思量的話。史懷哲在非洲行醫時，一次，他看見村民的耍樂——圍觀一隻給他們捕獲的魚鷹在沙洲上垂死掙扎。史懷哲為了拯救魚鷹，立刻買下牠，然後帶回家。但真正的生命思考課才正式開始：史懷哲要買一些小魚來餵飼魚鷹，還是不要因魚鷹而讓其他小魚成為犧牲品，任由牠活活餓死？這個兩難局面令史懷哲非常苦惱，最後，他選擇了前者，不過因此一直耿耿於懷。

「在我心中一股堅定的信念油然而生，除非有不可避免的理由，我們沒有權利在其他動物身上加諸痛苦和死亡。我們應該覺得在無心之下造成其他生物的受害和死亡是非常可惡的事。」

史懷哲的生命兩難局面，源於他的神學觀中的完全創造論。上帝並非單單造了人類，人只是神創造的其中一個品種，沒有理由叫人在創造中自顯高大；而且，神，只有祂，是惟一的創造者和萬物的擁

有者，創造者把所有創造物圈在同一張生存網中，為了生存，大家要彼此尊重，為了生存，大家要互相依附，牽絆……

史懷哲第一次進入非洲，沿途經過胡椒海岸、象牙海岸、黃金海岸和奴隸海岸，看見的光景：西方社會的確為非洲帶來文明，但也蠶食原來相對簡樸、與大自然共融的生活。史懷哲不禁想：「如果森林會說話，它們一定會告訴我們，在河的兩岸，曾經發生過許多悲慘故事吧！」一位熟識當地生活的職員告訴史懷哲，西方企業「引進的烈酒和一些可怕的疾病，嚴重摧殘這片純樸的大陸！」從前，食物生在樹上長在土裏，現在土壤流失，樹木遭砍伐，食物要經工作換取金錢再到商舖購買！更讓史懷哲驚訝的，大家似乎對整個宇宙的命運漠不關心，對神的創造予取予求。只要你夠聰明才智，可以很技巧地榨乾地球的資源。基督教精神文明卻剛好相反，人惟一跟其他創造物不同的地方，是要利用神賜給他們的聰明才智，作生命的思考和培育道德價值。

「除非人類能夠將愛心延伸到所有生物上，否則人類將永遠無法找到和平。」

1905年，年屆30的史懷哲，放棄神學院講師的職位，重新入學，用六年時間取得醫生資格，這已經令他的朋友十分吃驚。畢業後，他又宣布要到非洲行醫，到這時候，他的親友、老師，甚至教會人士都紛紛前來相勸。其中一位貴婦認為，以史懷哲在學術、音樂上的造詣，可以賺取豐厚的金錢聘請醫生去幫助非洲人，不必親身犯險。史懷哲發現，大家都認同耶穌的教訓，卻很少人會遵照基督的吩咐去做。唸醫科期間，史懷哲完成了《歷史耶穌的探索》一書的寫作出版。儘管他的天國和耶穌局限在歷史中的論述，神學界未必完全認同，但相信他的苦心會得到耶穌的了解和接納。所以，當人們看見史懷哲的孑孓身影，在非洲奔走獨行時，豈不叫人看見耶穌道成肉身住在人中間的歷史性一刻！

在史懷哲和耶穌共同奔走的路上，隱然聽見那曠野中的呼喊聲：「天國近了，你們要悔改！」

國族化、本土化與天國公民身分認同

趙崇明

一、抗拒硬銷式國族身分認同

在殖民地時期，香港人大體上不太關心自己政治身分的問題，因為英治政府刻意要令香港人抽離中國近代的歷史，尤其是1949年中共建國以後的一段，香港人基本上不但被「去國族化」，甚至同時被去掉政治意識，成為一班政治冷感的人。然而，九七回歸後，香港人卻無法逃避國族化的命運，亦必然要面對政治身分認同的困惑和問題。

特區政府亦自然要肩負起「國族化」這類政治教育的任務。2011年的施政報告，提出儘快在中、小學全面推行德育及國民教育科，想不到一石激起千重浪，引來2012年仲夏發生的反「洗腦」國民教育行動。

習慣了在自由社會中生活的香港人，一直對中共的封閉政權沒有好感，不過香港人一向務實，回歸之後，惟有背靠祖國，繼續不談政治，「搵銀至上」。可惜世界輪流轉，以往引以為傲的經濟成就已被人家取代，加上鬧出自由行旅客接二連三跟香港人爭奪資源的事件，於是港人的鬱悶及怨氣日漸加深。最近亦傳出中央政府千方百計要在2017年的特首選舉中設下重重關卡，對爭取民主足足二十多年的香港人來說，這種日漸累積的怨氣和無助感，既威脅港人的自我身分認同，亦加深港人焦慮不安的情緒。

若將上述事件一併觀察和分析，不難發現這一連串社會事件的背後，反映的正是中港兩種政治身分之間的差異，已經在香港人身上造成矛盾和張力，甚至出現國族身分認同的困惑與疑難。中央政府強調的是一種政黨和國家大一統的意識形態，認為香港人應該要愛國愛黨，於是回歸之後不斷加強愛國教育的力度，但香港人重視的卻是如何保障自己日常生活上的各種利益，以及如何捍衛本土核心價值。在近年愈趨「國族化」的過程中，香港人似乎想重建一種以香港為本位的本土意識，以作抗衡。

二、高舉私有化和個人主義的本土意識

香港人大致上有一種共識，就是只談經濟，不談政治。「中環價值」可算是香港人一直高舉的本土意識之一，比較關心的是個人的成就和得失，主張互相競爭，憑着個人努力向上爬，炒樓炒股炒基金，賺錢最實際。由此香港成為一個繁榮穩

定、效率高、富競爭力的國際級金融城市，是香港人一直引以為傲的成就。過去，香港人的本土意識絕不是建立在國族政治身分的認同上，而是建基在支撐着整個資本主義自由經濟生活的「獅子山下精神」之上。

隨着社會地位向上流動和收入增加，香港人（尤其是中產）自然會追求更好的消費生活。於是港式飲食文化、港產電影、港產粵語流行歌、港產電視劇集這類流行文化的消費商品，不但在本地大有市場，更能廣泛地滲透全世界的華人社區，變成代表香港本土的品牌。這些富有地道特色的港產消費文化和商品，不停地建構着香港人的集體想像和身分認同，也一直發揮着塑造香港人本土意識的功效。

總括而言，香港人的身分認同和本土意識的根源，大致上離不開自身的經濟成就和消費文化的生活方式。由此看來，香港人從來沒有一種很強的政治性及公共性的本土意識，甚至正如陳雲所言，與其說大部分土生土長的香港人有本土意識，不如說他們擁有更強的自我意識，強調的是自保和自利。

但是，九七後，昔日建立在經濟神話的大香港主義之本土意識已在迅速崩解。香港人一直最怕在政治上被「赤化」和「內地化」，想不到現在反而是從內地大量流入的資金攻佔了香港的資本主義自由經濟市場，內地豪客比港人炒賣得更瘋狂。各大商場已被自由行內地客攻陷，具有本土特色的港式消費文化逐漸消失，港產電影市道長期陷於低迷，港產電視劇也風光不再。難道真的應驗了阿巴斯（Ackbar Abbas）那句著名的警語：「九七令香港出現，也同時可能令香港消失。」

三、天國公民的政治身分認同

香港人在本土和國族身分的認同上，是否仍然出現兩極化的現象，這還有爭論的空間。不過馬傑偉在《後九七香港認同》中提出「港式國家認同」和「港式國族主義」的討論。作為基督徒，筆者嘗試加入神學的角度去思想上述課題。

主流教會一般會以「政教分離」這教義來將教會變得非政治化和將信仰變得私有化。認為教會應該不談政治，只談靈性，只傳個人得救個體靈魂上天堂的福音，信徒應該自閉在教會圍牆之內，成為公共空間裏不可見（invisible）的屬靈羣體。

然而，耶穌傳的是「天國」的福音，「國度」本身就是一個非常政治性的觀念。即是說福音首先所關心的不是我個人的命運問題，卻是神國的降臨和天國君王對世界的管治，關心的是公共和集體的事情。作為上帝的子民，視野和胸襟實在要遠大一點，不應只追求個人的私利和經濟上的成就，也不應只滿足個人的消費意欲和生活享受，事實上耶穌也教導門徒，要先求神的國和神的義，然後才關心私人的日用飲食。因此，教會所見證的「天國」福音，不可能只流於個人化和私有化而欠缺公共性和政治性。

耶穌所傳的不僅是具政治性的「天國」福音，他本身的政治色彩也很濃厚，當日這位彌賽亞的降生，威脅了羅馬的政權，所以耶穌一出世就被希律王追殺，而羅馬政府最後亦是以「猶太人的王」這個政治罪名來釘死耶穌。因此，教會其實是一個見證天國在地上實現的政治實體。將天國帶來人間的彌賽亞，藉着祂的救贖和洗禮，信徒得以歸入上帝的國度，成為天國的子民。從此，基督徒便擁有雙重國籍，既是地上某一國家政權的公民，同時也被賦予天國公民的另類政治身分。

由於三一上帝才是真正掌權的萬王之王，那麼賦予信徒天國公民的政治身分，原則上比起地上國家政權的政治身分更具根本性和超越性。作為天國子民，在洗禮時已等於公開宣認，上帝才是他最終委身和效忠的君王。聖禮（sacrament）一詞，在古羅馬時代正有「軍人宣誓效忠軍隊及國家」的意義。換言之，從上帝國度的政權而言，地上的政府只具有相對性的管治權，地上政權下的子民只是有條件地順服地上的君王而已。初期教會的信徒，甚至由於堅持自己天國子民的政治身分，公開宣認只效忠上帝，寧願承受殉道的政治迫害，也要拒絕敬拜羅馬的君王和宗教，可算是實踐非暴力和平政治的「公民抗命」行動的典範。由此可見，一方面，天國公民的政治身分才是基督徒一生所應追求最徹底的政治身分認同；另一方面，信徒應該從天國公民的政治身分出發，來詮釋地上國家公民的身分認同，以及一些批判地上政權以至於「公民抗命」這類的社會行動。

信徒藉着洗禮所賦予的天國公民這政治身分，還有另外一種超越性，就是能夠超越本來因職業或社會階級身分（自主的、為奴的）、國族身分（猶太人、希利尼人）和性別身分（或男或女）的差異所造成政治上的隔膜、分歧和衝突，在基督裏同歸於一（加三26-28）。留意這是「合一」的「一」，不是獨裁式「大一統」的「一」。「合一」的前提是「差異」，惟有承認及肯定「差異」，才需要講「合一」，才需要依靠基督的愛來接待和擁抱異己。我們便明白，**天國公民這政治身分的超越性，乃是指在基督的愛裏，學習對異己或他者的接納和包容，這是一種包容差異的政治倫理。**因此，香港信徒對天國公民這政治身分的認同，可能有助於他們身處「一國兩制」下如何面對「國族化」與「本土化」的張力。

耶穌呼召門徒之後，馬上教導門徒如何實踐天國的政治倫理，也就是著名的「登山寶訓」。耶穌的「登山寶訓」，可被視為「國族化」的天國公民教育，教導的固然是一套包容差異的政治倫理，因此，天國公民教育絕對不是一套灌輸狹隘愛國主義的課程。在香港的「反國教行動」裏，已經指出Civic Education 應譯為「公民教育」而並非「國民教育」，「國民」跟「公民」不同，孔子說：「天下為公」，公民是指全球公民這種廣闊的政治身分，所以「公民教育」的目的是要培育學生具備一種廣闊的全球視野，塑造學生擁有一些全球或普世的價值觀念。而耶穌要為門徒上的，更是另類的天國公民教育課，如果「民主、人權、自由、平等、博愛」是俗世公民教育要培養學生的普世價值，則耶穌的天國公民教育所教導的「愛仇敵」，就比上述的普世價值來得更加徹底和激進。事實上耶穌的政治教育是非常另類的，當俗世的政治主張君王大臣從上而下操權管束治理百姓的時候，耶穌卻教導門徒要踐行僕人式領袖的政治倫理（太二十25-28），這樣另類的教導，實在是世俗政治的公民教育以外的另一個選擇，而且所學到的天國公民教育，絕不是只待將來在天堂裏使用的，而是於此世實踐，「不能隱藏、照在人前」，在社會上公開做鹽做光（太五13-16），從而實現教會的公共性和可見性（visibility）。■

趙崇明

香港浸會大學哲學博士。現為香港神學院神學及歷史科專任講師。著有《迪士尼@城市文化.神學.hk》（天道，2006）；《安息行旅》（基道，2009）；《港式中產》（基道，2011）及《有道有禮》（宣道，2012）。

基督徒應改變政治不公義制度

程翔

根據《聖經》的論述，所謂「天國」，指天上的王國，它是屬上帝的國度。《聖經》中有關天國的稱謂或別名很多，例如：主的聖所——天堂（來九 24）；聖徒的國度（雅二 5）；聖徒的家鄉（來十一 13-16）；聖徒安息日之處（來四 9-11）；聖徒的城邑（來十二 22）等。

對所有基督徒而言，天國是理想世界。根據《聖經》對天國的描述，可知：

1. 天國是不能朽壞，不能衰殘，永遠存留在天上的基業（彼前一4）；
2. 天國是最安穩，永不震動的國度，在那裏沒有憂傷、痛苦、眼淚，也沒有死亡（來十二 28、啟二十一 4）；

3. 完全聖潔，毫無罪惡之處；那是個永遠都光輝燦爛的地方（啟二十一27）；
4. 聖徒都將改變成榮耀的身體，與主耶穌相似，要在天國裏與祂一同作王（腓三21）；
5. 充滿榮耀（詩七十三24）、頌讚和喜樂的地方。
6. 用保羅的話説：「那是好得無比的」地方（腓一23）。

根據歷代傳道人的闡述，我總結出天國是一個充滿仁愛、公義、和平的地方 ，是基督信仰中的理想國度。

但是，我們不應該視天國為時空遙遠的「極樂世界」而空有憧憬，卻應該努力在此時此地積極落實天國的理想。主禱文説：「我們在天上的父：願人都尊祢的名為聖。願祢的國降臨；願祢的旨意行在地上，如同行在天上。」(太六9-10)所以，我們應該現在、在此就活出耶穌的生命，落實天國的理想。

踐行公義　堅定信念

上文説過，天國是一個充滿仁愛、公義、和平的地方。我想結合香港情況，集中談談公義的問題。

追求公義，應該是每個基督徒的人生目標。「惟願公平如大水滾滾，使公義如江河滔滔！」（摩五24）

很多人都指出，耶穌的「登山寶訓」，是所有基督徒的道德行為守則。「登山寶訓」中的「八福」，其中兩項就同公義有關

(「為義受逼迫的人有福了，因為天國是他們的」;「飢渴慕義的人有福了，因為他們必得飽足」)。從此可見耶穌對踐行公義的重視。

當然，我們踐行公義，不是為了自己得「福」，而是為了榮主愛民。主「喜愛公義，恨惡罪惡」(詩四十五 7)，「惡人的道路，為耶和華所憎惡；追求公義的，為他所喜愛。」(箴十五 9)。

所以，為了榮主愛民，我們必須以實踐「公義」作為奮鬥目標。《聖經》在這方面的記載很多，例如：

- 大山小山都要因公義使民得享平安。(詩七十二 3)
- 你們當為貧寒的人和孤兒伸冤；當為困苦和窮乏的人施行公義。(詩八十二 3)
- 耶和華施行公義，為一切受屈的人伸冤。(詩一〇三 6)
- 耶和華是公義的；他砍斷了惡人的繩索。(詩一二九 4)
- 耶和華如此說：你們要施行公平和公義，拯救被搶奪的脫離欺壓人的手。(耶二十二 3)

在實踐公義的過程中，我們可能遭遇種種困難乃至險阻。在這種艱難時期，基督徒也是以「公義」來武裝、堅定自己的信念。《聖經》有很多這類的教導：

- 以公義扶持自己。(賽五十九 16)

- 在公義的道上有生命，其路之中、並無死亡。（箴十二 28）
- 你必因公義得堅立，必遠離欺壓、不至害怕。你必遠離驚嚇、驚嚇必不臨近你。（賽五十四 14）
- 所以要站穩了、用真理當作帶子束腰、用公義當作護心鏡遮胸。（弗六 14）

在香港，基督徒對社會不公（例如各種歧視）、經濟不公（例如分配不均）等，都很能夠發聲喚起社會的關注，他們很多人都身體力行，參與各種組織協助掃除形形式式的不公。過去一百多年來，香港基督教在掃除社會不公和經濟不公方面，成績斐然。他們辦學、辦醫、辦各種慈善事業，可說是豐功偉績，有力地推動了香港社會的進步。惟獨對政治不公，則往往噤若寒蟬。這種情況的出現，我認為是他們誤讀了〈羅馬書〉，因為〈羅馬書〉說：「在上有權柄的，人人當順服他，因為沒有權柄不是出於神的。凡掌權的都是神所命的。」（十三 1）。如果僅僅是誤讀，那還比較簡單。問題是有些人，借這句話來解釋他們為什麼可以對政治上的不公義熟視無睹而心安理得，甚至以此為藉口來向權貴獻媚。對於動輒引用〈羅馬書〉為自己的犬儒懦弱、或阿諛權貴的行為作辯解的，已經被正直的傳道人引用《聖經》的話語予以批判，這裏就不詳。

教會推動的革命

世界歷史表明，人類社會重大的進步都是靠剷除不公義的政治制度後獲取的。18世紀的美國獨立、20世紀初的辛亥革命、20世紀末的蘇聯與東歐政權崩潰，這三件事可謂是劃時代的進步，都是靠人民團結起來結束不合理的政治制度。值得注意的，這三件事，都是在基督徒的積極推動下完成的。

美國獨立、辛亥革命等，都是比較遠的事，我們就看看發生在我們這一代人時空裏的蘇聯與東歐政權崩潰事件。

蘇聯和東歐的崩潰，是人類歷史上一件很重要的事件，因為它結束了人類長達七十多年的政治實驗：在人間建立天堂（共產主義烏托邦），從而導致大規模的人命摧殘，而這個重要的歷史進程，由柏林圍牆的倒塌拉開序幕。令人難以置信的是：推倒柏林圍牆的力量，竟然是來自萊比錫教會的週一禱告會。當時帶動萊比錫禱告會的核心，是位於市中心的尼古拉斯教堂（Nikolaikirche）。

萊比錫是當年東德第二大城市，亦是馬丁路德（Martin Luther）與傳統教會公開辯論的地方。正因為有馬丁路德那場大辯論，才導致新教的產生。基督新教的出現，要歸功於馬丁路德於萊比錫教會的辯論，所以，萊比錫在傳統上是比較有獨立思考能力的地方。

東德末年，政治、經濟、社會各個領域出現嚴重問題，人民積壓了濃烈的不滿情緒，但在那個年代，人民沒有自由，不能公開表達不滿，而教會是當時惟一的公共地方，讓人民聚會表達意見而不怕給當局抓捕。任何不可公開討論的事，都可以在教會討論。

當時教會的靈魂人物是弗萊爾牧師（Pastor Christian Führer，又譯為富勒牧師），由於人們迫切需要討論很多國家政治生活的問題，所以，自80年代後期開始，除主日外，每逢週一，他都會加開一場「為東德和平祈禱」的祈禱會。他的祈禱會是從「登山寶訓」開始，帶領信眾背誦「八福」，信眾從「登山寶訓」學會了和平、理性、非暴力的抗爭模式，也從「八福」中得到平安和慰藉。聚會的人數慢慢成長，到達一個關鍵的數量（critical mass），在教會的庇蔭下，所有希望得到自由或離開東德的人，都走到教會聚會。

《聖經》的教訓並不是空談和虛無縹緲，而是可以具體貫徹在日常生活中。信眾通過朗讀「八福」，學會將恐懼轉化為勇氣，因此，聚會完結後，他們能有勇氣走出街頭。由於他們沒有使用任何暴力，警員也無可奈何。當時的祕密警員已做好鎮壓的準備，可是當他們到達現場，卻看到民眾只是燃點蠟燭和祈禱，實在下不了手。

在柏林圍牆倒塌前，萊比錫很多教會持續舉行了連續十三次週一聚會。這十三次聚會成為很重要的動員力量，使全東德人民都起來，最後成功推倒柏林圍牆。弗萊爾牧師在2009年柏林圍牆倒塌二十周年時，接受了《宗教和道德新聞週刊》

（*Religion & Ethics NewsWeekly*）記者 Deborah Potter 的訪問。他說：「如果有些什麼是可以稱為神蹟的話，1989 年統一東西德的革命，堪稱為神蹟。因為這場革命是由教會孕育和帶動。」（If any event ever merited the description of miracle, it was the 1989 revolution that reunited East and West Germany, a revolution that grew out of the church.）「這是一場由教會孕育和推動的革命，神帶領我們成功取得革命。」（A revolution that succeeded, a revolution that grew out of the church. It is astonishing that God let us succeed with this revolution.）

他在領導這場禱告促使柏林圍牆倒塌後，作出的結論是：「聖殿是與街道結合的，而不與皇宮結合的。」（It is not the throne and altar but the street and the altar that belong together.）這句話給我很深刻的感動。

在東德政權崩潰後，萊比錫的街頭懸掛了很大的橫幅：「教會，我們感謝你！」他們感激教會推動一場結束極權政治的運動。

記着天安門！

柏林圍牆倒塌前，遠在東方的中國發生了「六四事件」。我無意誇大中國「六四事件」所產生的影響，但從當時的報紙報道，可以看到萊比錫禱告會裏的人，敢於無視當時東德的祕密警員，走出教會，完全是因為受到「六四」的影響。

他們步出教會時所呼叫的口號是：「記着天安門！記着天安門！」民眾高呼「記着天安門」是在警告東德祕密警員，若他們動手的話，便會發生另一場「天安門事件」。在羣眾大聲呼喊下，東歐的祕密警員也不敢導演另一場「天安門事件」。

雖然我們的「天安門事件」在東方被鎮壓下來，但在西方，卻成為鼓舞當地人起來與專政者鬥爭的力量。蘇聯和東歐的政權崩潰，既是因為萊比錫禱告會牧師的動員和鼓舞，也是因為「天安門事件」對當地人的鼓舞。

當時有記者問他們：「為何你們會這樣勇敢，不感到害怕？」他們就舉出「坦克人」那幅圖畫，他們說：「中國人這幅畫面深深的感動我們。」這段對話，也記錄在歷史資料中。

香港政治上的不公，莫過於我們的政治制度。明明是擁有 60% 選票的泛民主派，被扭曲的制度使他們人為地成為少數，僅僅獲得 30% 的議席。我們的最高領導人，始終由北京欽點後再交給小圈子去「推選」產生。承諾了香港人長達三十年的雙普選目標，迄今仍然是充不了飢的畫餅。所以，2017年香港能否有真正的普選，關係到香港能否掃除政治不公義。

是時候我們基督徒要奮興起來，結束這種政治上的不公。香港的基督徒，還能繼續逃避自己的歷史責任嗎？

程翔

曾就讀聖保羅書院及香港大學，因為熱愛國家，畢業後加入《文匯報》工作，其後加入新加坡《海峽時報》。2005年8月被內地政府拘禁，人生的信念及價值觀受到極大的衝擊。三年的鐵窗生涯中，曾研讀儒家、道家及佛家的經典，依然找不到出路，直到開始閱讀《聖經》，讓他找到真理。在基督教信仰中最大的得着是學會寬恕。出獄後他對國家不懷怨恨，仍然堅守愛國、愛民主、自由、公正、法治及尊重人權的信念。

天國子民的職責

葉寶琳

許多人會奇怪，我不是教友，為何可以在宗教團體工作？這個「可以」是對應雙方面的。但我也意外地發現，這個接合過程，一點都不困難。

社會運動的目的就是推動社會變革，公義、民主、平等是社運願景的關鍵詞，讓社會上邊緣的一羣獲得平等的發聲機會，是我們的任務之一。香港數十年的民主運動，和近年公民社會發展，總見宗教團體的身影。過去，我少有思考信仰和社運的關係，但這幾年，因為工作的關係，我認識了另一種可能。

好幾年前，那時正值爭取最低工資立法的最後階段，因為工作關係，我需要訪問一位基層天主教教友。為了讓更多教友認識家庭工資，我透過辦公室的清潔姨姨介紹，認識了玉。玉是一位虔誠教友，除參與彌撒之外，還會參加聖母軍和福傳工作，她說自己甚少向堂區其他教友透露家庭狀況。她舉止溫柔，客氣有禮貌，她笑言可能因為自己「貪靚」，令身邊教友也難以從她的外表知道其背景。是的，玉的舉止裝扮和一般中產家庭主婦無異，但原來我們平日上班下班就在她手上拿免費報紙。那次訪問，跟她談到生活大小事，也跟隨她上班和買餸，才知道她的經歷。

說起從前，她家庭生活算是小康，老公在內地開工廠，玉閒時喜歡買名牌手袋時款新衣。想不到一場金融風暴，把她的家捲入風眼：公司倒閉，大屋搬細屋，打垮了他們的產業，卻沒打垮尊嚴，她和丈夫堅持要做一個良心僱主，寧願借貸都要給員工遣散費。此後，一家的生活就陷入困苦之中。挨窮難，由有錢人學習做窮人，難上加難。要他們適應節儉生活並非易事，立即申請公屋亦要等一段時間，家人又住不慣劏房，只好付高昂的租金租住舊樓，最嚴峻時更用了九成收入來作租金。為幫補家計，玉白天派報紙，晚上就接些零散的派傳單或家務助理之類的工作。有一次，她被僱主責難洗衣不乾淨，說是名牌云云，但其實她以前都曾擁有同款襯衣。

這過程令她更清楚體會草根階層的生活處境，她每天工作十多小時，只為多掙一點點工資，一切都是為了家庭。我們的生命雖渺小，但走過的歷程卻和大時代緊密連繫。個人，其實就是政治。

個人就是政治，但現時政治愈趨複雜，不易分辨是非對錯，那我們的立足點應在哪裏？在時代巨輪面前，我們都不能獨善其身，如果沒有信仰扶持，人只會更無奈和失去方向。如果玉沒有信仰，也難以撐過去。

我兒時在教會學校成長，由天主教小學到基督教，再到聖公會學校。少女時代，我參與過無數次團契，也決志過無數次。在大會堂街頭被熱情的教徒捉着不放，心軟的我參與過幾次聚會，可惜最後也沒有堅持。會考考宗教，把《聖經》貼上滿滿的記事貼，除了溫習，不會多看。有時會問自己，參加聚會究竟是為了朋友還是信仰？

未懂信仰，就只會信人。小時候，總會以基督徒作為我對基督教的理解，覺得基督教好，因為基督徒好人；但慢慢地在自己的成長經驗中，有時總遇上不太善良的基督徒，這就讓我信心動搖。每當遇上困難，基督徒朋友總說這是上帝給我的考驗，但這個想法實在不易讓我度過難關。當我看到社會上的不公義時，都會問，上帝在哪裏？

後來在參與社會運動的過程中，我們常常對市民說，美好生活不是指望「賢君」的出現，而是需要每一個人的參與和爭取。上帝的天國也不是從天上掉下來的，天主教信仰教我們要建立人間天國，天主教社會訓導就是一個很好的指標，以「人性尊嚴」作為原則。「工作是為了人，不是人為了工作。」（《工作》通諭6）就是推動家庭工資的基礎，因為訪問造就緣分，也造就了我和玉的相識。今天，玉成功搬進公屋，開支減少，但她並沒有選擇繼續以長工時來增加收入，她寧願過省儉生活，工餘時間走出來參與倡議行動，和別人分享自己的生活經驗，也讓教友認識社會訓導。

民主的出現，是要靠人民推動，人民作主；祈求天國降臨，也需行動促成，這才是天國子民的職責。

葉寶琳

曾參與及策劃保衛天星皇后碼頭，保衛菜園村，反高鐵及反國教等社會運動的八十後青年。希望推動進步本土觀。讀過社工、教育、文化研究。現職香港天主教正義和平委員會幹事。

遊走在教會、社關和社運的學生自白

黃之鋒

不少讀者也許不曾料到，這個常在鏡頭前「雞啄唔斷」的黃之鋒原來是基督徒，而信仰更是他參與社會運動的理念基石。因為爸媽都是教會的「活躍分子」，積極事奉，我從小跟他們到教會參加崇拜，以往就讀的也全是教會學校，我大概可稱得上為標準的「教會子弟」。我過往甚少分享自己的信仰觀點，難得突破邀稿，也想藉此分享在教會圈子的所見所聞，特別是不知從何時開始被人認為十分敏感的「基督徒參與政治」的議題。

本書主題「天國國民教育」，讓我想起小學時常唸的主禱文：「願祢的國降臨，願祢的旨意行在地上，如同行在天上。」年幼的我一知半解，也不太清楚當中的含義，而現在我會想：我們的行為配得上「天國公民」這個身分嗎？

不知從何時開始，信徒看重肢體內聚多於外展工作，過往傳教士在窮困城市四出關心貧苦大眾的畫面已不復見。這可能是因為教會在90年代起人數增長，慢慢穩定下來後，出席培靈研經大會的人數，永遠較那些落區探訪基層的多出數倍，説到傳福音甚至是以信仰介入社會議題的參與和討論，就更少了。

近年，不少人開始批評教會已經淪為信徒「圍威喂」俱樂部。我看在眼內，覺得不無道理。在教會圈子待了多年，目睹不少信徒不自覺地站在道德高地，義正詞嚴地説：「這些人（多數是不合意的同事／同學／上司／老師）作屬血氣和世俗的事，絕對是惡者的攻擊，我們應當引以為鑑，祈求上帝，而我作為基督徒一定不會這樣做……」這類言論在教會中，見怪不怪，特別在小組分享的時候。

每個星期，總會見留在教會內跟弟兄姊妹分享上帝的恩典，如何讓自己的心靈得着安慰，或是如何在職場或學業蒙上帝的引領。這樣彷彿是把整全的福音個人化，簡化為處理生命問題及學業事業人際關係的救生圈。當教會生活單單保留個人和家庭的部分，而忽略了信仰的社會面向，就是能否成為「天國公民」的關鍵。教會甚少於這方面作出教導，信徒也不太願作反思，在傳福音以外，我們到底應該如何看待和接觸非信徒，面對一個非由上帝直接統治，如舊約《聖經》般的神治社會，面對種種的社會問題，我們又應該作出什麼回應？

香港的基督徒生活實在過於安逸，頂多面臨工作學業太忙而不能返教會這類阻滯。上帝從舊約便要求基督徒作好管家的角色，主禱文的「願你的國降臨」，也反映我們本應肩負上帝給予每個信徒的使命，就是要在地上實踐天國的真理，甚至把天國帶到地上，讓社會能夠向着「在地如在天」的目標邁進，但諷刺的是，歸信基督後，即使我們表面對經文耳熟能詳，卻漠視整全福音本應包括社會公義的彰顯，基督徒介入社會議題根本是責無旁貸，只是我們不願意衝破那個 comfort zone 而已。

又有人認為「教會關心基層便可，觸及政府施政可免則免」，對此，讓我分享小時候一個深刻的經歷。小三的時候，我曾到板間房探訪一個獨居老人，跟他談天和為他禱告；兩年後，我重回舊地探訪這老人家，他的生活環境依然惡劣，板間房仍是那麼狹小，我不禁想：「探訪他或能為他帶來心靈的飽足，但肉體上的需要又如何解決？即使我繼續探訪他，他還是要面對高昂的板間房租金，三餐溫飽對他來說仍是遙不可及的事。」而那些教會「教導」我順服的掌權者，卻連公屋數量也不願增加……總有資深教徒愛搬出冠冕堂皇的理由說：「政教分離也很重要啊。」問題是當你身處一個由無神論政黨統管的國土，面對的更是一個本質上否定宗教存在的政權，你根本沒有逃避政治的選擇。

我並不認為教會需要主動組織遊行集會示威，也不是說教會必須對所有政治議題都有明確立場，畢竟不同牧者有不同的政治取態也是人之常情，但在一些大是大非的議題上，如維護內地宗教自由，又怎可避而不談？想起年初在政府總部外數萬名教徒，為反對政府就同性平權立法而聚集，竟是香港回歸以來基督教界別惟一作出政治表態的大型集會，不禁讓人慨嘆，為何教會敢於呼籲全港信徒反對政府就某項議案進行立法程序，但普選、民主等議題，在教會內卻甚少留有討論的空間和餘地。原來動員教友反對立法就天公地道，想談六四就改口說「教會不討論政治」，這種雙重標準真的十分可怕，怪不得被人質疑為「忽然社關」。

以我為例，即使曾在教會擔任組長，但參與社會運動仍受了不少冷嘲熱諷，甚至有牧區領袖質問：「到底參與社會運動是否合乎上帝的心意？」類似的招呼／關心／質問／批評在我兩年前參與社運的起步階段，實在聽過不少，但經歷反國教運動的高峰以後，看到外間的廣泛支持，教會內的質疑聲音又突然消失得無影無蹤。後來，我跟牧區領袖分享，運動結束後壓力很大，有意放下部分組織職務，換來的竟是一句「感謝主！」真教人哭笑不得。

我明白不少教會有自身限制，害怕公開談論政治後，難以回大陸開展宣教工作，但「天國公民」所說的天國，實在不是只會降臨在教會的四面牆內，而是降臨在社會的每一處。當你想想在自己教會有多少次曾為社會事件禱告，便會明白我的憂慮。今天教會和信徒必須重拾「社會的面向」，脫離個人化與自我安慰和設限的信仰。

最後，懇請各教會牧者對那些參與社會運動的弟兄姊妹多點包容和體諒，不管你是否同意他們的立場取態，也當認同任何人能在這個功利社會中重整對時局的認知以及改變的熱誠，實屬難能可貴。只盼望教會給他們一點鼓勵和不虛偽的關心，已感激不盡。■

黃之鋒

黃之鋒，16歲，中五學生，學民思潮召集人，亦是從小到大在主流教會長大的基督徒，眼見現時政治和社會議題在教會圈內如同敏感議題，盼望能盡一己之力向外界證明「原來基督徒都可以關心社會」。

受不了逼迫的「天國子民」

溫帶維

〈馬太福音〉第五至七章記載了主耶穌的「登山寶訓」。其中著名的八福之中有信徒極之熟悉的：「為義受逼迫的人有福了，因為天國是他們的。」（太五10）我相信，主耶穌這話不是說，人若要進入天國必須先為義受逼迫，畢竟得救是本乎恩，也因着信。然而，願意為義受逼迫看來是天國子民的必要表現。

「天國」所指的，不是一個實體，佔有特定物理區域的政權，而是人心降服上帝的主權——當人真正讓上帝在其生命中掌權時，神的國就在他心裏了（路十七20-21），所以天國裏的人，就是那些願意順服在上帝權柄下的人，也就是自覺自願，盡其所能，實踐上帝公義的人。這樣的人自然有以下三種特質：

1. 對不義的事情敏感。

2. 願意為維護正義而努力。

3. 當維護正義的努力受阻時，願意犧牲，盡力堅持。

這也就是願意為義受逼迫的特質。

主耶穌的寶訓明確表示天國子民需要此項特質，可惜這並非現時香港教會的特質。香港教會給人的普遍形象是：一羣同聲同氣的人，按着不同的社會階級，以同一個宗教的名義，定期進行聯誼的地方。或許還有別的印象，但無論是什麼，她總無法讓人聯想到一個爭取社會公義的羣體。

在香港，支持中國維權人士及平反六四的有支聯會，支持碼頭工人爭取合理待遇的有工會，反對國民教育、保護香港孩子心靈的有學民思潮及國民教育家長關注組，支持香港電台編輯自主的有廣大市民及香港記者協會，支持菜園村居民保家園的有菜園村關注組。幾乎凡有需要正義聲音的地方，都沒看見教會的身影。

我知道教會在世上的目的，不只是維持和爭取社會公義，她還有許多任務，可她不能因為別的任務（或藉口）而忽略公義，結果別人認不出她是一個願意為義受逼迫的羣體。認不出你是某種羣體，就意味着你沒有這個羣體的特質。這不只是常識，還是主耶穌的教訓。「登山寶訓」的尾段主耶穌說：「凡好樹都結好果子，惟獨壞樹便結壞果子。」（太七7）

我也知道許多牧者在教會不談政治；但凡是政治議題便必

有正反，教會不便表態支持任何立場，因為這很容易分化不同政治立場的信衆，甚至弄得教會分裂。我同意教會不應成為某個政治立場的宣傳工具，但我所說的不關乎政治立場，而是分辨正義與邪惡的問題。我們不能把所有社會上的矛盾，都看成只是沒有對錯可言的政治立場之間的衝突，有好些社會事件是明顯的不公義，教會在這些地方以「政教分離」的藉口保持緘默，是極有虧欠的。

年初李清詞牧師接受《明報》訪問時說過以下的話：

> 「最失敗的，是教會的宗教教育，從頭到尾都沒有教信徒往這一方面去想，神的公義，神的正直，神的真理，沒向這些方面想，只是圍威喂，happy hour一樣，（禮儀結束後）就這樣『平平安安的去吧！』……你是神的子女，必須行神的意思，神的意思不是唱唱歌這般簡單，神是要公義的。我們所相信的神，是公平、公正、公義的，但我們的行為、做法、活動，有多少是跟公平公義有關係的？」（《明報》2013年3月31日）

我很認同李牧師這番話。有許多個別信徒都很積極參與維持正義的活動，但教會作為一個羣體，對社會上的不公義就顯得過分地不敏感，更不用說為義受逼迫了。大部分信徒只求能透過「分享」和「代禱」互相支持就很滿足，整天沉浸在這種安逸的教會生活之中，是受不了逼迫的「天國子民」。難怪人家把教會看成是用宗教包裝的聯誼會。正因如此，當個別教會領袖犯了嚴重罪行，被傳媒揭發之後，也不能引起社會注意，沒有多大的迴響，因為社會大眾本來就對這個聯誼會沒有任何作為道德典範的期望。教會還不醒覺麼！

是的，現實中要為正義發聲，實在艱難。既要與邪惡不義的勢力周旋，還得應付各方政治利益集團的攻擊和分化，搞不好隨時四面不討好，引發教內弟兄姊妹內訌等等進退兩難的局面。面對此等困局，領袖需要有相當老練的政治經驗和智慧，然目前大部分教牧及教會領袖均無相關裝備，要他們這樣「冒死犯險」也是不切實際的。然而，我們就這樣放棄伸張正義的本分嗎？到時候主若追究起來，我們單用「難做」兩字就能推搪過去嗎？

我想目前香港教會極需處理的，不是如何增加及維持聚會的人數，而是集合力量，具體研究如何克服在維護正義時所要面對的現實困難，並在各堂會之間儘量取得實踐上的共識。同時，若天國國民也要有國民教育的話，恐怕目前最要緊的便是預備信眾們伸張正義及為義受逼迫的心和文化。這不是一朝一夕可以培養出來的，惟必須儘早及盡力去做，「因為神的國不在乎吃喝，只在乎公義、和平，並聖靈中的喜樂。」（羅十四 17）■

溫帶維

相信世上永遠有光而成為了兩個孩子的父親。香港中文大學哲學博士。香港理工大學通識教育中心講師。教授哲學與人生及中國哲學為主之科目。哲學輔導實踐者。

我、我們和他們

龐一鳴

信仰無法與社會割裂，相信今時今日也沒有太多信徒會反對基督徒需要關心社會。不過，「如何介入」這個問題，不同教會或個別信徒的想法和實踐，還有很大差異。

這篇文章打算討論教會介入社會事務的三個情況。第一個情況發生在網上。Google不時會改變首頁的塗鴉（Doogle），為簡潔的版面平添不少驚喜。今年復活節的主日，Google沒有選擇耶穌，卻取了左翼農運領袖查韋斯（Cesar Chavez）為主角，令不少基督徒罵聲四起，在如此重要的日子，竟然沒有慶祝聖子的復活，反而歌頌一位凡人，實在大逆不道！這些憤怒的基督徒還說要杯葛Google，轉用微軟的Bing。

第二個情況和移動人口有關。《時代》雜誌專題談論一個現象：愈來愈多拉丁裔流入美國。他們由原本信奉天主教，改信基督新教；當中，絕大部分加入靈恩信仰教會。這龐大的族羣，迫切需要教會牧養。不少拉丁裔教友並非循正式途徑入境，沒有居留權卻在當地生活或工作。因此，美國的移民政策、遞解出境措施等等全都影響着這羣信徒的生活和前途。相對而言，靈恩信仰背景的教會一般比較關心個人和上帝的關係，多於信仰和社會的關係；不過為了好好牧養這羣拉丁裔會友，教會一改常態，開始在講壇談論政治，反對國家的移民政策；同時間，展開和政黨對話，希望相關政策有所改變。

第三個情況和小店有關。戴卓爾夫人1986年在下議院提出Shops Bill，建議取消英格蘭和威爾斯地區星期日開店做生意的限制。限制星期日的店舖營業源於1950年的Shops Act。根據這法例，任何大商店在星期日違法開舖和售賣受到限制的貨品，可以被刑事起訴；小店方面，不受限制，可以在任何時候合法營業。

得知戴卓爾政府打算推出新法案，容許大商店星期天做生意，小店必然受影響，星期天休息的文化一定失落，Michael Schluter博士發起Keep Sunday Special運動反抗，並迅速得到各工會、政黨、小商戶等的龐大支持，教會亦積極參與，成為公民社會中抵抗惡法的一分子。重讀當天辯論的紀錄，不少議員提及收到很多市民來信，指出若他們不投反對票，就永遠不再投票支持他們。因着這股民間力量，不少保守黨議員寧願受黨處分，也選擇投反對票。最後投票結果，戴卓爾夫人也想不到，竟有72位保守黨黨員同室操戈投反對票，令議案以14票之差被推翻。最終，政府向下議院承諾，任期內不會再提出同類法案。Keep Sunday Special運動成功了。

這三件事概括了教會介入社會事務的一些方向，可以給我們啟發。

Google以查韋斯（Cesar Chavez）為Doogle一事，教會以「我」出發，不滿社會的風氣或行為與教會信仰衝突，認為社會文化不尊重基督教信仰而出手介入；拉美流動人口一事，教會以「他們」出發，因着這批新教友的處境，開始在講壇批評政府和建議相關政策的修定；而戴卓爾夫人建議新法令一事，教會以「我們」出發，看到自己是社會的一分子，惡法影響社會亦同時影響教會，因此連結公民社會其他持分者一起介入。

教會究竟該如何關心社會，如何介入社會事務？相信沒有一個標準的答案。但多以「他們」、「我們」為出發點，少以「我」為念，一定有幫助。■

龐一鳴

相信「汝果欲學政治，功夫在政治外」。日常生活行動派，實踐信念抵抗麻木和犬儒，創造美好的事情。著有《就係唔幫襯地產商》、《一打人去賣藝》。

兩隻手、一朵花、黃絲帶
——在關懷與創作中經驗信仰

白雙全

一

1997年我還是一位中學生，當時我畫了一幅漫畫《兩隻手》，刊於自資出版的團契刊物《浪之聲》。「基督徒有兩隻手。當他見到別人有需要，就不惜犧牲自己。他看見人歡笑，自己也歡笑（畫面是一個人切了自己的手，送給一個失去一隻手的人）。受了恩惠的人就生出第二隻手。他見到人有需要，又不惜犧牲自己⋯⋯」這是我當時的信仰。大學畢業後，我再沒有上教會，也甚少向人提及自己是基督徒，但當我每次回到我的創作裏，所走出來的內容，都像這個信仰的故事。

我覺得自己的信仰其實好簡單：對上主懷着感謝的心，當見到人有需要，就用從上主而來的幫助去幫助其他人，這是《聖經》的道理：「施比受更為有福」。眼淚和微笑發自內

心，以基督的心為心，這才是一個基督徒。

二

2004年南亞海嘯的那一天，我剛從台北旅行回港，在機場的候機室聽到海嘯的消息。我感到香港的氣氛有點異樣，一路上見到的人都很沉重，有人說鄰居一家人去了南亞旅行，至今音訊全無，電視上整晚直播明星唱歌的籌款節目。那時候，

《星期日明報》的編輯打電話來約稿，我如常請她給我一晚時間去想想。

那天晚上我的腦海裏浮現很久以前見過的一朵「小花」，有一次我在等小巴時順手插入褲袋，抽出來手心就是五個一元硬幣，圓圓的組成了一朵小花。次日我到銀行把五百元的稿費找換成五百個一元硬幣，走到我認為香港最有需要的地方，如深水埗和石硤尾等舊區，隨意把五個一元排成一朵朵小花，放在街道的暗角，再用白油筆畫上枝和葉，加上日期和編號，拍一張相片後就離開。到傍晚我回頭再拍幾張相片，發現有些錢已經被路人拾起，我的腦海出現了一個美麗的畫面：一個人在地上拾起五個一元的同時，他收到了一枝別人送他的小花，這是祝福和安慰的記號，他面上露出了笑容。

連日來我聽到好多動人的故事，有人捐錢，有人放下工作去災區幫忙收拾屍體，有人願意留下來和災民一起重建社區，支援他們生活和心靈的需要，這裏我見到「施比受更為有福」。一朵朵小花零星散落在城市的許多角落，像一個暗號，當讀者在報紙上看到這個故事，這朵小花就栽在他們的想像和現實的空間裏，有一日他們看見手心的幾個硬幣，心裏便會發出微笑。

這作品叫《給路人的一朵小花》。

http://pakpark.blogspot.hk/2007/04/work-about-hk-history-04_10.html

三

2003年我跟朋友參加七一大遊行，由維園行到中環的政府總部，我和羣眾一同走了四、五個小時，這是我人生第一次參加遊行，但我感到不是很踏實。7月2日，我獨自沿遊行路線再走一趟，一路上重組前一天發生的事。

2004年的七一，我和遊行人羣走到政府總部，上政府山前，每人手持一條黃色小絲帶，一條一條綁在政府總部的鐵閘上，小絲帶象徵一個小市民卑微的心願。眾人的願望加起來，呈現出一幕很壯觀的畫面，一直烙在我的腦海裏。當時我想，香港人的聲音怎會只停在香港政府總部外，而不達到中共中央去？於是我計劃在2005年的七一做一件作品帶去北京，這作品後來叫《香港人給中央的禮物》，禮物即是好意，我當時是很樂觀地這樣想。

2005年的七一遊行前，我在遊行路線上的銅鑼灣鵝頸橋底鋪了一條橫跨馬路的黃布。待當日最後一個遊行人士走過，我才取走布條。這條被所有人踏過的黃布，記錄了大家的腳印，象徵全部遊行人士的願望。我把它剪成很多黃色絲帶，一廂情願親自帶到北京，沿着天安門廣場、中南海、人民英雄紀念碑等地方的外圍綁了一個圈。我把香港人的處境、對中共的懼怕和希望，用我的身體演繹出來。我慶幸能夠平安回到香港，不然就可以早一點體現一國兩制，使中港矛盾成為媒體討論的議題。

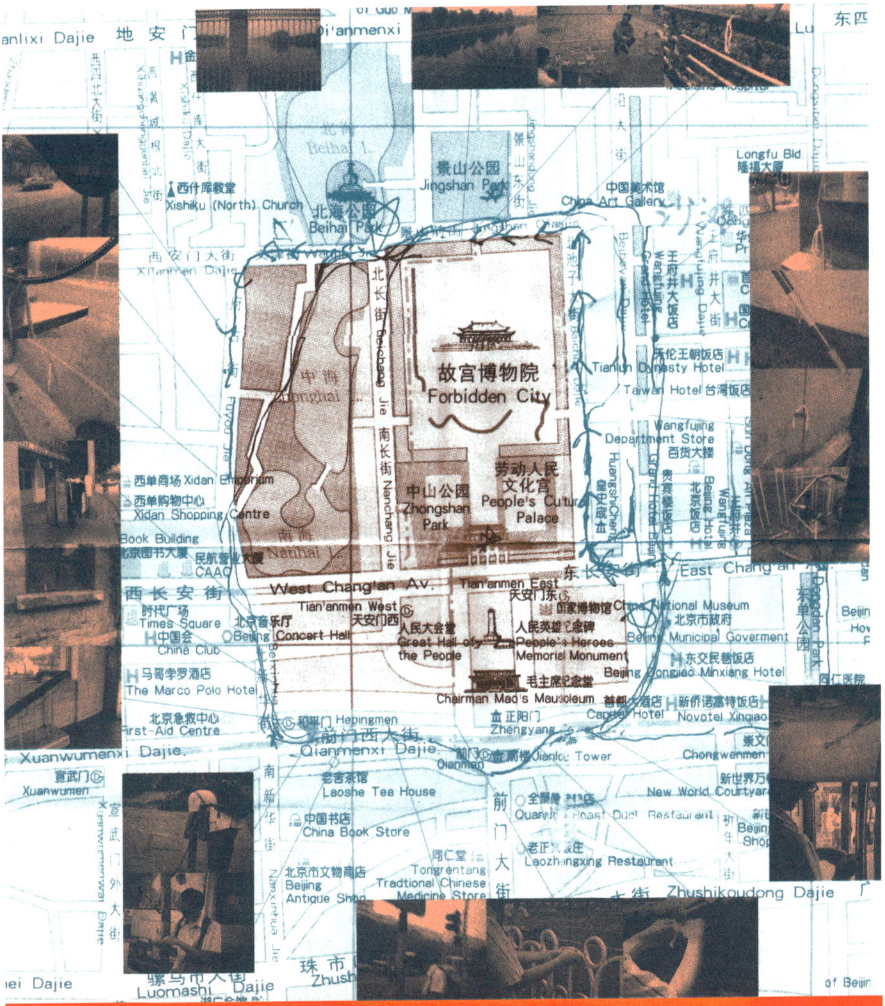

香港人給中央的禮物

http://pakpark.blogspot.hk/2007/04/work-about-hk-history-03.html

四

這些事表面好像跟信仰毫無關係，我卻在當中經驗了信仰，找到了信仰。

創作是一件求真的事，而信仰是人最深處的關懷，能夠通過創作來經驗信仰——感謝上主，這是祂給我最大的祝福！■

白雙全

1977年生於中國福建，1984年移居香港。2002年畢業於香港中文大學藝術系，副修神學。從事攝影、繪畫及概念藝術創作，作品關於人與人、與城市和自然之間的感通。出版《七一孖你遊香港》、《單身看：香港生活雜記》及《單身看II：與視覺無關的旅行》。2009年代表香港參加威尼斯雙年展，2011 Art Asian Pacific年度最傑出及展望的亞太藝術家，作品被Tate Modern等收藏，2012年Frieze London全場最佳展覽、中國當代藝術獎（CCAA 2012）最佳藝術家獎，2013香港藝術發展局年度香港最佳藝術家獎。現於香港生活及創作。

總結：天國國民教育

梁永泰

人在幽暗苦痛之中，特別期望天國降臨，可以改變社會的不公不義，建立新天新地。可惜事與願違，人世間的光明與黑暗總是不斷交錯。

美國南北內戰，爭議解放黑奴，在史提芬史匹堡的電影《林肯》中刻畫出時代的矛盾。當解放黑奴法案終於獲得通過，內戰即將結束，黎明在望，林肯總統卻遭暗殺，國家再次陷於恐慌之中。

法國大革命之後，人民以為可以建立「自由、平等和博愛」的社會。在拿破崙手下帶領國家重振雄風，卻發展至皇室重建，貧富更加懸殊；在雨果的筆下和電影《孤星淚》（*Les Misérables*）的鏡頭下，人民仍然生活在幽暗與苦難之中，不得解脱。

香港經歷了一百五十年殖民帝國的統治，回歸之夜令人充滿期待，在陳果的電影《去年煙花特別多》中充滿暴力和殺害。現實社會的貧富不均更加嚴重；社會矛盾更尖鋭；青年更覺無助無力。

天國的國民教育，跟地上的疆界和公民身分有何關係？當天國在歷史的時空降臨，會發生什麼轉變？青年人作為天國子民，又怎樣在地上生活？這是本書的命題，亦是全城一起探索的主題。

彼得作為耶穌的大弟子，在羅馬殘暴的管治和殖民之下，提醒信徒有以下的身分、使命、生活和盼望(〈彼得前書〉二9)。

聖約：揀選的族類

天國子民是有歷史信約的民族。是神主動與亞伯拉罕立約，祝福他的後裔，叫他們再祝福萬國。人不是像電影《普羅米修斯》(《異形前傳》，*Prometheus*)所描繪的，由高科技的生物無良知無愛心地創造，不是如導演Ridley Scott所繪畫的無情科技世界一樣，只有科技自主，沒有人性。人是有情、有關係、有立約、有羣體、有共同歷史和經歷的天國國民。要忠於社羣，建立國家，祝福萬邦。

談到被揀選的族類，文本中的作者，從自身的成長，體會和關懷社會上的邊緣族類，怎樣在身分危機之中得到關心和親情。如陳佐才、趙晗、曾育彪等，都是從多元文化之中尋找個人身分，又在信仰的天國身分中找到融合。

神的國：君尊祭司

天國國民擁有君王般的尊貴，領受召命去管理地土和疆界。國民不再是為奴的殖民，亦沒有失去自主和自由，而是可以參與政策和管治，一起塑造社會的共同價值和尊嚴。像電影《瓦特希普高原》(*Watership Down*) 中的另類兔子，不再受別人的養飼和殺滅，而是能在自由的空氣中跑跳，與大地和眾生結連。

談到君尊的祭司，上官賢恩提醒在多元文化和雙重身分長大的基督徒，要以天國子民為終極的效忠。梁柏堅提醒我們信仰的公共性，不單只顧自己得永生，更要為受屈的人伸冤。

愛的結連：聖潔的國度

聖潔不是自我的靈修和鍛煉，避世而出家，而是進入社區社羣之中，有憐恤和關懷。聖潔不單是人與神的關係，更是將此關係顯明於人與人之間的關係上。正如黑澤明第一齣彩色片《沒有季節的小墟》，人間有情，在苦難之中互相支持。

談到聖潔的國度，胡清心從大陸教會面對社會的幽暗，轉移至將天國國度解讀為他世，忽略現世的處境予人的痛苦，提出質詢。Holly和Eling同樣探索天國身分，怎樣對待現世的社會外來者，無論是農民工子女，抑或是尋求政治庇護的人；怎樣平衡社會各方面盛載的能力，而非簡單化「愛你的鄰居」，甚有啟發性。馮煒文看見不同年代的信徒，怎樣解讀天國的身分，從「社會精英」演變至「道德精英」，叫人深思。梓翔在電影《悲慘世界》之中看見藉恩典與寬恕，社會底層的血淚史可以改變。

修復世界：神的子民

金融海嘯顯出極端資本主義的窮途末路。人在極之奢華和浪費的無盡消費之中，會失去人性和走向自滅。世界需要被更新，天國的子民需要以永恆的盼望為今天的幽黑注入光明，將信望愛傾倒入今天的社會處境。不是天真地期待烏托邦的全然實現，亦不是對現實世界的全然放棄。這世界不再是一個被耗盡的資源，而是需要被孕育的鄉土，一個屬於大家的家鄉，邁向天上應許的長存城邑。正如李安的《少年Pi的奇幻漂流》，經歷了種種的浩劫，使人對動物、大地、自己、他人和上天，有重新的領悟與更新。

談到神的子民，幾位作者不約而同認為香港教會的文化比較內聚，對社會工作及教育沒有從前積極，對社會關懷和政治問題避而不談，關心不足。程翔認為社會公義是基督徒要爭取的天國素質，臨在地上，教會是社會變革的主因，有西方歷史為據。趙崇明擔心在後殖民「國族化」的壓力下，教會受壓而自保，天國是有其公共性和可見性，而非隱藏。黃之鋒驚訝教會總動員抗爭的社會議題，竟是個人「性」取向，而非大事大非的民主普選。

天國價值人間呈現

天國國民教育，在華語社會之中，尚算起步。華人四散，本身在多元文化中生活，身分含糊，時在邊緣，時在主流。而華人基督教傳統一是模仿西方，一是只傳福音而重他世，對政治敏感的命題避而不談。然而，本書的各位作者，除了作自身身分的反思，在成長的歷史中看見天國的恩典，亦延展至今生今世的社會性和公共性，堅持努力將天國的價值貫注人世間，將永恆的盼望叫今世人可以實踐，實屬難能可貴。眾多聲音，未必有一定共識，但至少強調基督信仰的歷史性，時間性和參與性，可讀性甚高。■

梁永泰

突破機構總幹事。

Who We Are: **Kingdom People**

「天國國民教育」書系

Who We Are: **Kingdom People**

「天國國民教育」書系